般若心経は人間文化最高の宝もの

梶原和義

JDC

はじめに

今、人間が経験しているのは、肉体的に経験している命です。肉体的に生きている命は、やがてなくなるに決まっているのです。

般若心経は究竟涅槃と言っています。今、生きている人間は、涅槃になるに決まっているのです。自分自身が涅槃を悟るか、この世に生きていることがなくなって、涅槃になってしまうか、とにかく、人間は涅槃になるに決まっているのです。涅槃というのは、死んでしまうことを先取りしてしまうことです。死ぬことを先取りしますと、死ななくなるのです。

涅槃だけで死ななくなるというのではありませんが、涅槃が分かりますと、今、生きているのは本当の命ではないことが、はっきり分かります。今、生きている命は、やがて消えてしまうに決まっている命です。これを早く見切ってしまった方が、本当の命を見るために利益になるのです。

般若心経は、悪魔退散の力があると言われていますが、その力がどこにあるのかと言いますと、涅槃というからです。色即是空、五蘊皆空、究竟涅槃というからです。

般若心経の空というのは、現世に生きている人間を見切ってしまうのです。これは宗教ではないのです。宗教家が般若心経を説明するから間違ってくるのです。

何のために現世に生きている自分を見切るかと言いますと、生きているその向こうに、死なない命が座っているからです。これが、花を見てきれいだと思う感覚です。おいしいものを食べて、これはうまいと思う感覚です。一杯酒を飲んだ時に、陶然とする感覚です。これが、実は永遠の命の感覚です。命を知って酒を飲むのです。命を知らずに飲むと、バカを見るのです。おいしいというのは魂の味です。魂が味わっている感覚です。魂は死なないものです。

霊魂不滅という言葉がありますように、魂は、本質的に死なない命のことです。

仏典、一万七千六百巻という膨大な経文の中に、魂という文字が一つもないのです。霊魂ということを言わないのです。霊魂に似たようなことは言いますけれど、魂という文字がないことを承知する必要があるのです。仏教家で魂が説明できる人は、日本には一人もいないのです。いるとしたらインチキでしょう。そうすると、死んでから極楽へ行くのは、誰が行くのか、分からないのです。正信偈には、法蔵菩薩因位時という言葉があるのです。法蔵菩薩が悟ったような位に立った。「帰命無量寿如来　南無不可思議光　法蔵菩薩因位時」という言葉があるのです。法蔵菩薩が無限を悟った。法蔵菩薩が命を悟った。無量寿如来、無量光如来を悟った。悟ったことによって、法蔵比丘というお坊さんが阿弥陀如来に昇格したということを、大無量寿経で説いているのです。

魂の本質は、無量光如来、無量寿如来の二つであって、これが人の奥にあるのです。人の奥にある霊魂の本体が、花の美しさを見ているのです。だから美しいと思えるのです。

そこで、無量寿如来の本体を掴まえるのです。人の中にある霊魂を掴まえることです。これが永遠の命の本体です。

人間がこの世に生まれたことが業《ごう》です。カルマです。この世に生まれてきたことは、とんでもない業を背負わされたことです。しかし、この世に生まれてきた以上、真理を悟らない訳にはいかないのです。皆様は神を十分に知るだけの力、命の実体を十分に知るだけの能力があるのです。私が話すことを難しいと考えないで頂きたいのです。私が分かることは皆様に分かるに決まっているのです。

業《ごう》に勝つのです。業というのはこの世に生まれたくない人間がこの世に生まれたということです。皆様はこの世に生まれたいと思ったことはないでしょう。この世に生まれたくない人間が、この世に強制的に生み出されたのです。これが業です。

何のためにこの世に強制的に生み出されたのかと言いますと、皆様に与えられている理性や良心を克明に勉強するためです。理性と良心をよく勉強するのです。そうすると、命の本質が分かるのです。

これが分かれば死ななくなるのです。ただ死ななくなるだけではなくて、万物の主になるのです。

大体、人間は万物の長です。だから、万物の主になるのは当たり前です。現在人間は自然科学の力によって、物質をある程度変えたりできます。遺伝子の組み替えによって、生物のあり方を変えることができます。原子爆弾さえも造るのですが、そういう程度の低いものではなくて、もっと程度の高い命の実体を掴まえるような考え方をすれば、万物の霊長としての働きは十分にできるのです。

原子核弾は殺すため、破壊するためにあるのですが、殺すためではなくて、万物を生かす本当の命が、皆様には理解できるに決まっているのです。これを人間というのです。

このような人間になれば、皆様は死なないどころか、永遠に万物の主として、神と同じような仕事をすることができるのです。

ここに人間の本当の栄光があるのです。業を果たせばそうなるのです。業に負けたら地獄へ行くのです。業に勝てば万物の主になるのです。人間はこのために生きているのです。

仏典に本具の自性という言葉があります。皆様が生きている命は、本具の自性の命です。これは死なない命です。

皆様は本来死なない命を持って生まれたはずです。本具の自性は死にたくないという願いを持っているのです。これは本願とも言います。

皆様は時間や空間を生きているのです。常日頃、生活でそれを使いこなしているのです。これが人間の生活です。時間、空間は人間が造ったものではありません。時間、空間は宇宙の本具の自性が現われているのです。

本具の自性というのは、本当の命のあり方という意味です。宇宙の本当の命のあり方が、時間、空間になって現われている。これを神というのです。

皆様は宇宙の本当の命、宇宙の真髄である命が現われている時間や空間というものを、使いこなしているのです。皆様の本具の自性は、宇宙の本具の自性を使いこなすだけの力を持っているのです。

時間、空間を平気で使いこなしているところを見れば、皆様の霊魂の本質は、宇宙の大生命の真髄を十分に知っているはずです。

ところが、皆様は自分が生きているというばかな思いのために、神が分からなくなっているのです。時間、空間の本質が分からなくなっているのです。そこで、死んでしまうのです。

皆様の本具の自性は死なないものです。死なない命を持って生まれていながら、この世で生きている生き方が間違っているために、死なければならないことになっているのです。

死ななければならないだけならいいのですが、死んだ後に裁かれることになるのです。皆様は現在、時間や空間を使いこなしています。だから、自分が生きている生き方を本当に知ることができさえすれば、また、自分自身の生きざま、自分の生態を知ることができさえすれば、死なない命を見つけることは十分にできるのです。

ところが、文明というばかなものに騙されて、政治、経済、学校教育に騙されて、ばかになっているのです。だから、本具の自性である霊魂が、時間、空間を生きこなしていながら、魂が死んでしまっているのです。

現実の生活では、時間、空間をこなしていながら、精神的には死んでしまっているのです。

こういうばかなことをしているのです。これを文明というのです。ばかな文明です。

皆様が受けた学校教育はこういうばかなものです。皆様自身の命を殺してしまうようなものです。皆様の霊魂の存在、本具の自性を殺してしまうようなものです。そのためにせっかく持って生まれた命、時間、空間を使いこなすような命を持っていながら、死んでしまうことになるのです。

人間は時間、空間を使いこなしていながら、時間、空間の本質がさっぱり分からない。これはどういうことでしょうか。これをばかと言わずに何と言ったらいいのでしょうか。人間はそういうばかなことをしているのです。だから、死んだらろくなことはないのです。

死んだら皆様の魂は惨憺たる状態になるのです。自分の命を無駄に生きているからです。日本人は一人もこれが分かっていないのです。

日本人は般若心経を千年の間読んでいながら、般若波羅蜜多が少しも分かっていないのです。何のために人間は生きているのでしょうか。皆様は死んだら、必ず地獄へ行くのです。

地獄は本来ないのですけれど、皆様の生活態度が間違っているために、自分自身で毎日、毎日、地獄を造っているのです。だから、地獄へ行くことになるのです。

皆様の生活の根本原理が間違っているということを、まずはっきり承知して頂きたいのです。政治、経済というばかなものに騙されて、学校教育というばかなものに騙されて、皆様の人格は本質を失っているのです。だから、この世を去ってしまうとひどい目に会うのです。

皆様は生きていながら命が分からないのです。生きているということは、時間、空間を使いこなしているということです。時間、空間を現実に使いこなしていながら、そのことが自分で分からないのです。これは自分で自分の命を踏みにじっていることになるのです。こういう生活をやめて、般若波羅蜜多を考えて頂きたいのです。

人間の常識、知識というものが、初めから間違っているのです。人間の命を殺すものが常識、知識です。時間、空間を使いこなしている本来の状態に帰って頂きたいのです。

人間はただ生活していると、自分の生活のことしか考えません。自分の命の将来のこと、死んだらどうなるのかということを全く真面目に考えようとしないのです。

命について真面目に考えようという気持ちが起きてきますと、今の状態で生きているけれど一体何をしているのか、生活をしていることが何をしていることになるのだろうかということを考えるようになるのです。

こういうことを真面目に考えるのが、正常な人生です。こういうことを真面目に考えられない人は、初めからその霊魂は死んでいるのです。

生活は必要です。ところが、生活することには目的がなければならないのです。生活目的がなければならないのです。ところが、現代人は生活目的を持っていないのです。

子供を大学へ入れるとか、家を建てるとかいう目的を持っている人はたくさんいます。貯金をするとか、保険に入るというのは生活目標ですが、人生の目的ではないのです。人間がこの世で生活していくことの目的です。

恋愛とか結婚、職業というのは皆現世で生きている場合の問題です。これは生活問題に属する話です。これは誰でもできるのです。これは人生目的ではなくて生活目標です。

私たちに必要なものは、何のために生きているのかという人生目的です。現代の人間にはこれが全くないのです。人間の魂が死んでしまっているからです。

現代人の魂は学校教育のために殺されているのです。従って、人生を真面目に考える力を失っているのです。だから、般若心経を読んでも、般若波羅蜜多の意味が分からないのです。

般若波羅蜜多というのは彼岸へ渡る知恵をいうのですが、彼岸へ渡るということの意味が分からないのです。だから、そういう知恵を持たねばならないとは思えないのです。

般若心経の文句をいくら読んでみても、五蘊皆空とか色即是空といくら読んでみても分からないのです。

白人には色即是空ということが、皆目分かりません。キリスト教という宗教を信じている人は、色即是空が全く分かっていないのです。だから、自分が救われると思っているのです。死んでから天国へ行けると思っているのです。こういうばかなことを考えているのです。

生きているうちに、時間、空間が分からなかった者が、死んでからどうして天国へ行けるのでしょうか。生きているうちにはっきり人生目的を考えなかった人、現世に生きていることだけを考えていた人、魂の目的を持っていなかった人が、死んでから天国へ行けるというばかばかしいことがあるはずがないのです。

これはキリスト教だけではありません。仏教でも仏国浄土へ行けるということを考えているのです。仏国浄土も天国も同じことです。これは宗教の夢物語です。そういう宗教の夢物語を信じて現実に生きている人間が、このまま天国や極楽へ行けると思っている。こんなことはあり得ないのです。

現実に生きていながら、時間、空間の本質が分かっていない者が、死んでから天国へ行くとか、極楽へ行くというばかなことがあるはずがないのです。

宗教は人間を騙しているのです。仏教もキリスト教も、天理教もＰＬ教団も、日本にあるあらゆる宗教、もっと大きく言えば全世界の宗教は、全部人間の霊魂を殺しているのです。

皆様は宗教によって騙されている。人間の魂が殺されている。宗教は文明の一翼を担っているのです。宗教や教育は文明の一翼を担っているのですが、文明そのものが間違っているのです。だから、文明を担いでいる宗教は間違っているに決まっているのです。

文明に賛成している教育も間違っているのです。学校教育は社会に役に立つ人間を造っている訳ですから、実学教育という意味では価値があるのです。

ところが、人間は社会的に教育されてしまって変質されているのです。人間の考えはこれでいいものだというように、世の中全体の流れによって自分自身の魂が殺されているのです。だから、魂の話を聞いてもさっぱり分からなくなっているのです。

教育によって洗脳された皆様は死ぬに決まっているのです。今生きている命は、必ず死ななければならない命です。必ず死ななければならない命であることが分かっていながら、その命をやめることができないでしょう。

死なねばならないことが分かっていながら、その命をやめることができないでしょう。死ぬべき命の外へ出ることができないでしょう。これが皆様の霊魂が文明によって死んでいるという証拠です。文明はそれほど悪いものです。

般若心経は人間文化最高の宝もの／目次

般若心経は人間文化最高の宝もの

般若波羅蜜多心経《はんにゃはらみたしんぎょう》

（玄奘訳）　　　　（現代語訳）

一　観自在菩薩《かんじざいぼさつ》……求道者である観自在が、

二　行深般若波羅蜜多時《ぎょうじんはんにゃはらみったじ》……深なる真実の知恵において、実践を期して修行して居られたとき、

三　照見五蘊皆空《しょうけんごうんかいくう》……人間の精神的な在り方は、五つのもので組み立てられていると見きわめられました。しかも、その五つのものが、本性的には空であり、実体がなく、

四　度一切苦厄《どいっさいくやく》……従って、人間のすべての苦しみや厄災も、みな実体がないものであることを悟られたのです。

五　舎利子《しゃりし》……シャーリプトラよ。

六　色不異空《しきふいくう》……この世の物質現象は空であって、現象的な意味での実体はなく、

七　空不異色《くうふいしき》……その空であるものが、物質現象として存在して現われているのです（存在という事柄は、このようにして成立し

ているわけです）。

八　色即是空《しきそくぜくう》　空即是色《くうそくぜしき》…………つまり、物質現象はとりも直さず空なるものであり、空なるものが、すなわち物質現象であるのです（この二つは別のものではなく、はなれているものでもありません。存在するということの二つの面なのです）。

九　受想行識《じゅそうぎょうしき》…………だから、人間の感覚、表象、意志の働き、知識までも、

十　亦復如是《やくぶにょぜ》…………実はこれと同じ道理であることになります。

十一　舎利子《しゃりし》…………シャーリプトラよ。

十二　是諸法空相《ぜしょほうくうそう》…………存在するすべてのものに、現象的な実体というものはありません。それがこの世においての本当の在り方なのです。

十三　不生不滅《ふしょうふめつ》…………だから、生じたということもなく、滅したということもない。

十四　不垢不浄《ふくふじょう》…………汚れたのでもなく、汚れをはなれたのでもない。

十五　不増不減《ふぞうふげん》…………増すこともなく、減ることもないのです。

十六　是故空中《ぜこくうちゅう》…………だから、もし、空という現象的実体をみとめない立場に立つとすれば、

十七　無色《むしき》……………………あらゆる物質現象はないことになります。

十八　無受想行識《むじゅそうぎょうしき》……………従って、感覚も、表象も、意志の働きも、それに属する色々な知識もないのです。

十九　無眼耳鼻舌身意《むげんにびぜっしんい》…………のみならず、目も、耳も、鼻も、舌も、身体も、意識さえもありません。

二〇　無色声香味触法《むしきしょうこうみそくほう》…………色や形もないし、声も香もない、味もないし、触覚の対象もない。さらに、そのような観念すらもないのです。

二一　無限界《むげんかい》　乃至無意識界《ないしむいしきかい》………視覚の領域から意識の領域に至るまで、ことごとく存在しないことになります。

二二　無無明《むむみょう》　亦無無明尽《やくむむみょうじん》…………知恵も悟りもないし、無知や無明もない。知恵、悟りがなくなることもないし、迷いや無知がなくなることもありません。

二三　乃至無老《ないしむろうし》…………………そしてついに老いることも、死ぬこともなく、

二四　亦無老死尽《やくむろうしじん》…………………老いと死とが、なくなることもないのです。

二五　無苦集滅道《むくしゅうめつどう》…………………苦しみも、その原因もなく、苦しみをなくする必要も、それをおさえる道もないことになります。

二六　無知亦無得《むちゃくむとく》……何かを知ることもないし、また何かを悟得するということもないのです。

二七　以無所得故《いむしょとくこ》……達するとか、得るとかいうことがないので、

二八　菩提薩埵《ぼだいさった》

二九　依般若波羅蜜多故《えはんにゃはらみったこ》……人はこの菩薩の彼岸への真実の知恵を依り所として、

三〇　心無罣礙《しんむけいげ》……心にわだかまりや、さわりがなく住していいます。

三一　無罣礙故《むけいげこ》……心に暗いものがないので、

三二　無有恐怖《むうくふ》……色々な恐怖がなく、

三三　遠離一切顛倒夢想《おんりいっさいてんとうむそう》……一切の顛倒した気持ちからはなれて、

三四　究竟涅槃《くぎょうねはん》……本当の平安に入っているのです。

三五　三世諸仏《さんぜしょぶつ》……過去、現在、未来にわたる心の目を開いた人たちは、

三六　依般若波羅蜜多故《えはんにゃはらみったこ》……みなこの彼岸への真実の知恵によって、

三七　得阿耨多羅三藐三菩提《とくあのくたらさんみゃくさんぼだい》……この上ない正当な悟りを体得されたのです。

三八　故知般若波羅蜜多《こちはんにゃはらみた》……だから、この彼岸への真実の知恵こそは、

三九　是大神呪《ぜだいみょうしゅ》……実に大いなる真実の言葉、

四〇　是大明呪《ぜむじょうしゅ》……また、すべての苦悩をとり除くもの、

　　　是無上呪《ぜむじょうじゅ》……また、無上の悟りの言葉、

四一　是無等等呪《ぜむとうどうしゅ》……………　比類のない真実の言葉であり、

四二　能除一切苦《のうじょういっさいく》……………　また、すべての苦悩をとり除くもの、

四三　真実不虚故《しんじつふこ》……………　全く偽りがない真実そのものであると知るべきであります

四四　説般若波羅蜜多呪《せつはんにゃはらみったしゅ》……　この真実の言葉は、彼岸への真実の知恵において

四五　即説呪曰《そくせつしゅわっ》……………　次のように説かれています。

四六　羯諦羯諦《ぎゃていぎゃてい》　波羅羯諦《はらぎゃてい》
波羅僧羯諦《はらそうぎゃてい》　菩提薩婆訶《ぼじそわか》…　ガテー、ガテー、パーラサンガテー、ボーディー、スワーハー（渡った者よ、渡った者よ、彼岸へ渡った者よ、渡った者よ、完全に彼岸へ渡った者よ。その悟りに栄光があるように）。

四七　般若心経《はんにゃしんぎょう》……………　彼岸への真実の知恵の心を、ここに終ります。

1. 向こう岸へ渡る

波羅蜜多とは向こう岸へ渡るという意味です。向こう岸へ渡るということが人生の目的です。その目的を忘れてしまって、生活のために一生懸命になっている。これが根本的に間違っているのです。

今の日本人には向こう岸（彼岸）へ渡るという考え方がありません。

宗教はすべて人間が現世で幸福になるように考えているのです。現世で幸福になっても、命の本質が分からなければ必ず死んでしまうのです。死んでしまえば、現世の宗教は一切通用致しません。般若心経はこのことをはっきり言っているのです。

般若心経は仏教の経典ではありません。ところが、日本のお寺は般若心経が仏教の教本であるように取り扱っているのです。

仏教界が般若心経を今まで伝承してくれたということは良かったのです。ところが、般若心経の本当の精神が骨抜きになってしまったのです。今日の日本の仏教にはその精神が全くありません。

五蘊皆空とは何かと言いますと、人間の考え方、思い方は皆間違っているということです。寺で説いている般若心経の解釈が間違っているのです。

仏教学者の思想、寺のお坊さんの考えが五蘊です。五蘊で話しているお坊さんの話を五蘊で生きている人間が聞いているのです。五蘊が五蘊に向かって話をしている。全くマンガみたいなことになっているのです。盲人が盲人の手引きをしているのです。

こういうことをいくら勉強しても、この世を去ってしまえば一切通用しないのです。

皆様は空の色、海の色、花の色、雲の流れをご覧になれば、天地自然の命が分かるはずです。天地自然の命をよく見て、それを掴まえようとすれば、自分の間違った考えをまず棚上げして頂く必要があるのです。

間違った自分の考えを持ったままで命を理解しようとしても無理です。皆様の頭には現世の常識がいっぱい詰まっています。現世の常識がいっぱい詰まっている所へ、天地の命を入れようとしても、入りません。そこで私の話が難しく思えるのです。聞いても聞いても分からない。聞けば聞くほど分からなくなると言われるのです。

それは皆様が今までの常識をいっぱい持ったままで私の話を聞こうとするから、入らないのです。

難しいのではなくて、般若心経の考え方が皆様の頭に入っていくだけの余裕がないのです。このことをよくご承知頂きたいのです。

コップにいっぱい水が入っているとします。その上に水を注いだらこぼれるに決まっているのです。新しい水を入れようと思えば、既に入っているコップの水を流してしまって、からっぽにしなければ入らないのです。

般若心経が難しい、聖書が難しいのではなくて、皆様に受け止めようとする態勢がないから難しく思われるのです。

まず空が分からなければ命は絶対に分かりません。宗教は空を受け取らないままで命を受け取ろうとするのです。現世に生きている自分が幸福になろうとするのです。そうして、死んでから極楽や天国へ行こうとするのです。こういう間違いをしているのです。

人間の考えは根本から間違っているのです。欲が深すぎるのです。

生命の生は天地自然の命のことです。これは死なないいのちです。例えば空の色、海の色は死なない色です。花の色も死なない色です。花は枯れますけれど、枯れるまでは死なないいのちの色を見せているのです。精一杯咲いて死なない命を見せているのです。

花一輪が分かれば、皆様の命の心髄が分かるはずです。花の色は天然自然の命の色です。皆様の目は天然自然の命の色を見ているのです。

良く晴れた日には必ず「今日は良い天気ですね」と言います。これは皆様の命が天地の命、大自然の命を賛美しているのです。

このように、皆様の五官の本質は、死なない命を捉える力を持っているのです。ところが、皆様の常識が悪いのです。人間の知恵とか、人間の理屈、人間の利害損失の考えが間違っているのです。人間の物心が詰まっているために分からないのです。皆様の目や耳は大自然の命を捉えているのに、頭で理解していないのです。

目や耳は命の色を捉えているのです。ところが、頭の中の考え方が間違っているために、せっかく目が命の色を捉えていながら、それを理解することができない。そこで死んでしまうのです。

このことを般若心経は、五蘊は皆空だから人間の考え方を捨てなさい。究竟涅槃としきりに言っているのです。色即是空、空即是色、諸法無我、是故空中という言い方で空を教えているのです。

皆様には空が難しく思えるのでしょう。般若心経を信じていても、空が分からないと言われます。私がお話ししても空が分からないと言われます。

分からない、分からないとわがままなことを言っていられるのは、生きている間だけです。生きている間は空が分からないと言っていられますが、この世を去ったらどうしますか。この世を去ってしまったら、一冊の本もありませんし、指導してくれる先生もいません。皆様は自分一人で命を見つけなければならないことになるのです。これは本当に大変なことです。

2. 般若心経の心を学ぶ

般若心経は非常に短い経典ですが、仏教全体の結論をそのまま端的に現わしたと言えるようなものです。

もっとも仏教と申しましても、原始仏教と中世の仏教と現代の日本の仏教とでは大変な違いがありまして、一口には言えませんが、般若心経の五蘊皆空、色即是空、究竟涅槃という思想は、小乗、大乗仏教全体を通して貫いている仏教の根本精神だということができるでしょう。

仏教と言いますのは、今日の各宗派に分かれている宗教のことですが、仏法と言えば悟りそのものの原則を指すのでありまして、これは現在の仏教とはかなり違ったものになるのです。

釈尊は生老病死、即ち現世に生まれて老いて、病気になって死んでいくことが一体何であるかについて小さい頃から疑問を持ったのです。人間はなぜ生きていなければならないのか。なぜ老いて死んでいくのであろうかということを突きつめて考えたのです。これが仏法の中心命題になっているようです。

日本では曹洞宗のご開山である道元禅師が正法眼蔵の中で、「生を諦め死を諦めるは仏家一大事の因縁なり」と言っておられるのです。これは修証義という簡単な経文の中に出ているのですが、生を諦めとは生きているということがどういうことなのかということを明らかにすることです。死を諦めるというのは、死ぬとはどういうことなのか、これを明らかにすることなのです。これが人間一大事の因縁であるということを、道元禅師が言っておられるのです。これが仏教の根本精神になるのです。人生とは何であるのかといことをしっかり見極めなさいと言っているのです。

浄土真宗の浄土参りをする、いわゆる死んでから浄土へ行くという考え、極楽へ行くという考えも、本来の目的は生死とは何であるかを究明することが第一の目的になっているのです。大無量寿経とか、仏説阿弥陀を読んでみますと、そのように書いているのです。

人間が現世に生きているということをしっかり見極めることが、般若心経の結論になるのです。このように考えて頂いたらいいと思います。

現世に生きていることが一体何であるのか。何のために生きているのか。これを究極的に見極めることが般若心経の目的になるのです。

般若心経に究竟涅槃という言葉がありますが、涅槃を突き止める、見極めるのです。涅槃というのは何か。現世に生きているという思想、感覚を解脱して、本当の人生を見極めることが涅槃になるのです。

般若心経の題目は般若波羅蜜多心経とありますが、般若というのは人間の常識ではない上智のことですが、学校で教える知恵ではなくて、生きているということについての悟りを意味する知恵です。これが般若です。

波羅蜜多というのは、向こう岸へ渡ることです。現在皆様が生きているのはこちらの岸です。

これは死んでしまうに決まっている命を指しているのです。死んでしまう命のままで生きていますと、必ず死ななければならないことになるのです。この命を捨ててしまって、死なない命を見つけるのです。これが向こう岸へ行くということになるのです。

般若心経を写経している人は大変多いのですが、紙に写経するよりも、もう一歩進んで般若心経の心、般若波羅蜜多の心をそのまま皆様の心に書き記して頂きたいのです。

自分の心に般若心経の文字を刻みつけるような書き方をするのです。これが写経の目的になるのです。現在写経をして千円つけて寺へ送るということが流行っていますが、これをして儲かるのは寺です。奈良県のある寺では百万写経と言って、百万人から写経をして千円つけて送ってもらいました。この寺は十億円儲かったのです。

現在までに六百万人の人が写経をして千円をつけて送っていますから、寺は六十億円も儲かったのですが、送った人には何の利益もないのです。紙に写経をするのではなくて、ハートに写経をして頂いたら、その人の益になるのです。

般若心経は宗教のためにあるのではなくて、皆様ご自身の魂のためにあるのです。お寺のために般若心経があるのではありません。寺を建てるためにあるのではない。皆様の心を建てるためにあるのです。これが宗教ではない般若心経になるのです。

皆様の心を般若心経の原理に基づいて建てて頂くことです。これをしている日本人はほとんどいないのです。般若心経を読んでいる人は何百万人といるでしょう。一千万人もいると言われているのです。写経をしている人も何十万人といるでしょう。

ところが、自分の心に般若心経を書き記している人は、めったにいません。また、書き記すだけでなくて、本当に般若心経の文字で、例えば色即是空という文字、不垢不浄、不増不減という文字をそのまま生活にしている人は、ほとんどいないでしょう。

宗教というものと、本当の般若心経とはそれくらい違うのです。論語読みの論語知らずという言葉がありますが、心経読みの心経知らずというのが今の日本人の精神状態です。

これは本当に般若波羅蜜多をしていないからです。向こう岸へ渡らないで、こちら岸にいるままの状態で般若心経を読んでいるのです。これでは般若波羅蜜多という題目が分かっていないことになるのです。

皆様が般若心経を読むのなら、読みがいがある読み方をして頂きたいのです。

こちら岸にいますと、必ず死んでしまいます。私は向こう岸へ行っていることがよく分かっていますので、はっきり言っているのですが、これはそれほど難しいことではないのです。

皆様が現在生きておいでになるのは、現実に命を持っておられるからです。命を持っていながら命のあり方が分かっていない。命とは何かと言われると分からないのです。般若波羅蜜多になっていないから分からないのです。

般若波羅蜜多になれば分かるのです。どうすれば般若波羅蜜多になれるのかということは、一口や二口では言えませんが、色即是空という言葉を本当に信じるなら分かるのです。写経をするほど般若心経が好きであるなら、五蘊皆空、色即是空という言葉を本当に味わってみてください。そうしたら分かるのです。

般若心経は空を教えているのです。般若心経は全体で二百七十六文字あります。その中に空という文字、無という文字が三十五、六字もあるのです。全体の一割以上も空と無が現われているのです。般若心経は空と無を教えているのです。

それは現在皆様がこの世に生きていることがむなしいものだということを、端的に説明しているのです。

しかし、般若心経は空という悟りはありますけれど、命とは何かという教えが書いていないのです。これが般若心経の足りない点です。だから、般若心経の悟りに、聖書にある神の命、永遠の命をつけ加えて勉強すれば、鬼に金棒となるということを申し上げているのです。

般若心経は仏教の経典ではありません。人生の事実を述べているのです。新約聖書もまた人生の事実であって、キリスト教の教典ではないのです。

仏教は般若心経を利用して商売をしているのです。キリスト教は新約聖書を利用して商売をしているのです。ところが、般若心経と聖書は本来宗教の書物ではありません。全く宗教ではないのです。人生の真実そのものです。

般若心経によって空を学ぶ、新約聖書によって命を学ぶ、この二つのことを勉強しますと、本当のことが分かるのです。実は般若心経の空がはっきり分かっていない人が新約聖書をいくら学んでも、キリスト教という宗教になるばかりです。本当の命は分からないのです。

まず般若心経で空を学ぶこと、それから新約聖書によって命を学ぶこと、この二つのことをお話ししたいのです。私は般若心経と聖書を二つ並べてお話ししていますから、宗教ではないことがよくお分かりになると思います。

宗教なら、般若心経は般若心経、聖書は聖書と、どちらか一つにしておくでしょう。仏教とキリスト教とを二つ並べたら、宗教にはならないのです。私は宗教にならないようにお話ししているのです。

人生の真実は宗教ではありません。死んでしまうに決まっている人生から出てしまって、死なない人生に移り変わるのです。般若波羅蜜多になることを皆様に提唱しているのです。

人間の文明は六千年ほど続いてきましたが、一体文明は何のためにあるのでしょうか。六千年たっても未だに分からないのです。これが人間の無明です。魂が無明のために死んでいるのです。

死んでいる文明を六千年間続けてきたのです。

般若心経の悟りを開いた釈尊も、新約聖書のイエス・キリストも、いわゆる宗教信者ではなかったのです。人間として本当の真理を極めたお方です。

宗教は、人間のためにあるのです。日本語の宗教という言葉は宗とすべき教え、非常に重大な教えという意味の言葉です。教えということは学校で教えるという意味です。例えば語学を教えるとか、数学を教えるということと混同させてしまうのです。

仏教大学ではもちろん般若心経は教えますけれど、仏教大学を出た人は教学は習ってきますけれど、それが自分の命にはなっていないのです。理屈の説明はしますけれど、その人はやはり普通の人間と変わらないような考えで生きているのです。だから宗教になってしまうのです。

宗教は人間のために説かれたものです。般若心経や新約聖書は人間のために説かれたものですけれど、その人間とは魂を指しているのです。

3. 人間の責任とは何か

人間が生きていれば、当然責任がついて回ることになるのです。人間の霊魂は宇宙人格の反映でありまして、神の機能の分派したものです。

人間は理性と良心という霊長機能、霊長能力を与えられて現世に生まれてきたのです。生まれさせられたのです。私たちはこの霊長機能を用いて、万物の霊長という資格において、生きているのです。しかし、万物の霊長という実質を持っているのかと言いますと、持っていないのです。

例えば、ライオンが一匹大阪の町へ逃げ込んだとしますと、町中が大騒ぎになるでしょう。たくさんの警察官や機動隊員が動員されて、掴まえることになるのです。

これは人間が機能的には万物の霊長であっても、存在的には万物よりはだいぶ劣っていることになるのです。犬や猫は嘘を言いません。いんちきをしたり、人を騙すようなことはしないのです。ただ本能によって魚をくわえて逃げるくらいのことです。

人間は人を騙したり裏切ったりします。これは人間が動物以下の存在であることの証明になるのです。ところが、人間は人間づらをして生きています。人間づらをして生きているということは、万物の霊長としての権能を乱用していることになるのです。霊長機能を持っていながら霊長責任を果たしていないのです。霊長としての自覚を持っていないのです。

基本的人権と言いますが、人権ということを言いたければ、人責を考えるべきです。基本的な責任を自覚すべきです。これは当たり前のことです。この当たり前のことを一向に実行しようとしないのです。

権利がある所には当然義務が生じるに決まっているのです。これは民主主義の原理です。民主主義の原理を政治的には理解していても、人生観的には全く理解していない。だから死んでしまうことになるのです。

死んでしまうということは、容易なことではないのです。現在人間は神に生かされているのです。皆様は神に生かされているのではない、自分が勝手に生きていると考えたいのですが、そうは問屋がおろさないのです。

人間は自分で空気を造っているのでもないし、自分で水を造っているのでもない。ところが、人間は空気や水を無限に供給されているのです。私たちはそれを供給される権利があるのかということです。

人間は自分で生まれたいと思って生まれたのでありません。だから、人生は自分自身の所有物ではないのです。従って、自分自身で勝手に生きていたらいいという理屈は成り立たないのです。

自然主義的な自由思想は本質的に嘘です、個人主義も嘘です。純粋の個人はどこにも存在しません。どこかの国に属するか、どこかの社会に属するか、どこかの家庭に属するか、何かの団体に属するかです。そういうものに全く関係がない純粋の個人はどこにもいません。

地球にも属していない、天地にも属していない人間はいないのです。ところが、個人主義という主義だけがあるのです。これはばかばかしいことですが、こういう間違いを人間は平気でしているのです。そうして、基本的人権と言って威張っているのです。

こういう間違いを現代文明はしているのです。何のために人間は生きているのか。一億二千五百万の日本人は何をしているのでしょうか。大都会の人々は何のために生きているのでしょうか。

商売をしている。会社勤めをしている。生活しているということは分かります。商売をすること、会社勤めをすること、生活することが何を意味するのかということです。何のために生きているのか。目的なしに生きているとしたら、死ぬために生きていることになるのです。

現在の人間の人生観、世界観、価値観というものは、根本的に間違っているのです。

今の人間があると思っているものは、実はないのです。生きていると思っていることは、死んでいることです。物だと思っていることは事です。このように大変な考え違いをしているのです。

なぜこういうことになったのかと言いますと、仏教的に言いますと、人間は無明から出たものだからです。大乗起信論によりますと、無明が無明を受け継いで、無限の無明に落ち込んでいるのです。これが大乗起信論の考えですが、人間の考えは本質的に妄念です。または妄想です。妄念、妄想の人間が妄念、妄想の人間を生んで、六千年も地球で生きていた。その結果、現代の人間は無限の無明に落ち込んでいるのです。

人間の考え方は全く間違っているのです。だから死ぬということが分からないのです。人間は間違いなく死ぬのですが、死ぬことが分からないままの状態で生きているのです。

死ぬということをまともに考えるのは縁起が悪いと考えて、臭い物に蓋をするようにごまかしている。来年は来年はと言って死んでいくのです。

徳川時代の蜀山人の狂歌に、「死ぬことは人のことだと思うたに、俺が死ぬとはこれはたまらん」というのがあります。

八十五蔵や九十域の老人が死んだのなら、じいさんは死んだのかでしまいですが、いよいよ自分に死が迫ってくると困るのです。

ある禅宗のお坊さんがいました。この人が癌になったのです。本人が癌だということを知らないのです。どうも体の調子が良くないので、大学病院へ診てもらいに行ったところ、手遅れの癌だったのです。あちこちに転移していたので、あと三ヶ月の余命でしたが、医者は本人に言えないのです。

医者から「少し悪いようですが、好きな物を食べてもよろしい」と言われたのです。

医者から好きな物を食べたらよろしいと言われたら危ないのです。お坊さんはそう言われて、さすがにぴんときたのです。「私は癌ですか」と聞いたら、「そうではありません。少し悪い所があるが、胃潰瘍みたいなものですから大丈夫です」と医者がいうのです。

お坊さんはどうも納得できないので、「私は六十五歳にもなっていて、長年禅の修行を積んできたので、死ぬと言われても一向に驚かない。大悟徹底しているから本当のことを話してほしい」としきりに医者に言った。医者はお坊さんを信用して、「実は、末期癌で、あと三ヶ月しか余命がない」と言ったのです。

大和尚がそれを聞いたとたんに顔色が蒼白に変わり、がたがたと震えだしたのです。医者はしまったと思って寺へ電話をして、早速迎えに来てもらったのです。

キリスト教の牧師にも同じような話がありました。とにかく人間は死ぬと言われると、震え上がるのです。この気持ちは理解できますが、感心はできないのです。

そのお坊さんは死を知らないのです。解脱はしたかもしれないのですが、死を諦めてはいないのです。諦めるというのは、明らかにするということです。

無明は明らかではないことです。人間は無明から生まれてきたのです。人間は親の性欲によって生まれてきた。つまり無明から生まれたのです。

妄念で考えているのです。妄念から生まれてきて無明で考えますから、人生観も価値観、世界観も皆間違っているのです。

宗教と言っても、哲学と言っても全部無明から出てきているのです。ところが、釈尊やイエスは宗教家ではなかったのです。この人たちは無明の外で考えていたのです。釈尊の解脱は無明から抜け出した状態です。般若心経はこれを言っているのです。

観自在菩薩、行深般若波羅蜜多時、照見五蘊皆空というのはこれを言っているのです。人間の色々な考え方は皆空である。空っぽである。全部間違っていると言っているのです。

般若心経は人間のあるがままの状態を、率直に指摘しているのです。これは宗教ではありません。悟りです。現在の仏教の悟りは、ほとんど禅宗的な悟りになっているのです。これは宗教です。観自在菩薩の悟りは、人間本来の悟りであって、これは宗教ではありません。人間が生きているという事実をそのまま取り扱っているのです。

もし現在の仏教者が本当に悟っているとしたら、現在の仏教界のような堕落はほとんどなかったのです。

キリスト教も同じことが言えるのです。イエスは大工の青年でした。宗教家ではなかったのです。おまけにイエスは宗教が一番嫌いでした。宗教をひどく攻撃したのです。そのために宗教家に殺されたのです。

イエスを十字架につけたのはパリサイ派という宗教家です。律法学者でした。イエスは宗教家を攻撃したために、宗教家に殺されたのです。そのイエスが現在キリスト様として宗教家に拝まれているのです。おかしいことをしているのです。

釈尊も同様です。釈尊も宗教を断固として否定したのです。修行していたバラモンから離れて、菩提樹の下で座っていた。自分の独自の直感力によって仏性に基づいて大悟解脱した。そして、当時の宗教とは全然違ったことを言い出したのです。

これが観自在の悟りとして、般若心経に書かれているのです。釈尊は後からバラモンの人たちにずいぶんいじめられているのです。この点もイエスとよく似ているのです。

釈尊は殺されはしなかったのですが、時の宗教家にずいぶんいじめられているのです。

般若心経と聖書が宗教家の手に押さえられていることが大変悪いのです。皆様は般若心経と聖書がどうして同じように論じられるのか。どういうセンスにおいて一つになれるのか。こういう疑問があると思います。

般若心経が仏教の経典であると思われていることが宗教観念です。実は般若心経と聖書は同じ方向のことを言っているのです。ただ目標が違うだけです。

般若心経は悟ることを目標にしているのです。しかし救いがないのです。聖書は救うことを目的としているのです。イエスも悟りという言葉を使っていますが、救うということが聖書本来の目的です。

般若心経は悟りを主張し、聖書は救いを主張する。この点が違うだけです。同じことを言っているのです。

般若心経がいう五蘊皆空、色即是空がはっきり分からないままの状態で聖書を信じていますと、イエス・キリストの本当の意味が分からないのです。

イエス・キリストの名において洗礼を受けるということは、彼と共に葬られることだとパウロが言っています。洗礼を受けることは葬式されることになるのです。

キリスト教ではこれと同じことを言っていますが、キリスト教で洗礼を受けても、葬式されたという実感はないのです。言葉はあっても実感がないのです。宗教観念が空回りしているからです。

仏教も同様です。色即是空と言いながら、やはりお寺のお坊さんはお寺の経営のことを心配しているのです。伽藍仏教は釈尊の思想には関係がないのです。

私たちは仏教家、キリスト教の指導者に押さえられていて、般若心経と聖書を全く素人の私たちに移すべきだと考えているのです。

宗教になりますと、般若心経と聖書が歪められてしまうからです。

私たちは現世を楽しむために生まれてきたのではありません。人間とは何であるのか、魂とは何であるのかを知るために生まれてきたのです。これが人生のノルマです。霊長責任です。

神に出会うこと、神を捉えるために生まれてきたのです。現在皆様が生かされているという事実があります。目が見える、耳が聞こえる、生理機能が働いているという事実があります。

この事実を神というのです。

現在皆様は神によって生かされているのですから、この神を掴まえなければならない責任があるのです。これは当然のことです。皆様が神を掴まえることに成功すれば、皆様の中から死が消えてしまうのです。

4. 万物の霊長

皆様はこの世に生まれてきたのです。現在、万物の霊長という形で生きているのです。人間が生きている衣食住の形は何でしょうか。経済的に許される範囲内ですが、自分の好みの家に住んで、着たい服を着て、食べたいものを食べているのです。今日の夕食は和食にしようか、洋食にしようか、中華にしようか、イタリアンにしようか、シーフードにしようかと、自由にできるのです。

これはどういうことでしょうか。これは神が肉体を持っている状態の生活様式です。神がもし肉体を持っていたら、現在の人間の衣食住と同じ生活の形態になるのです。

皆様は神の子であって、神を知ることができるだけの能力があるのです。皆様の本然性、本来性を簡単に言いますと、本能性になるのです。人間の本能性はすばらしい心理機能です。これは神の機能がそのまま人間に植えられているのです。だから人間は生ける神の子です。

イエスはこれを自覚して、私は生ける神の子と言ったのです。

イエスはすべての人を照らす誠の光であって、イエスを鏡として自分自身をご覧になれば、イエスと自分自身とは同じものだということが分かるのです。

実は仏説阿弥陀経にあります阿弥陀仏という言葉も、哲学的に申し上げたらイエスと同じことになるのです。これは多分イエスの孫弟子がインドへ行って福音を伝えたのです。そこで、新約聖書の福音とインドの思想が合わさって三部経が造られたのではないかと思われるのです。仏典には天地創造が書かれていないのです。仏教は天地創造を認めていないのです。神を認めていない所から出発しているからです。

天地が造られたということ、万物が造られたということが、神の約束ということです。地球にある森羅万象は火星にも金星にもありません。もちろん太陽系宇宙以外には全くないのです。太陽系宇宙には個体としての惑星がありますが、太陽系以外の外宇宙はガス体です。月のような、金星のような個体としての惑星さえもないのです。太陽系宇宙は地球を造るための特殊現象です。

森羅万象が存在するということ、ことに皆様のような五官を持った人間が、自動車に乗ったり、飛行機に乗ったりしていることは、全くの秘密です。宇宙の秘密です。

だいたい宇宙にはこういうことはあり得ないことです。地球以外に人間がいるということは、SF小説にはありますけど、そういうことはあり得ないのです。人間が存在するのは地球だけです。

一体地球が存在するというのは何であるのか。人間がこの世に現われたということは何であるのか。これが神です。神の御名（実体）です。神の約束です。神の約束とか神の御名が日本人には全然分かっていないのです。キリスト教でも分からないのです。

神とは何かがキリスト教で分からないのです。天地の造り主だと言います。造り主とは何か、今どこにいるのか分からないのです。分からないから信じなさいと言うのです。命の実物も分からないのです。キリストの実物も分からないのです。第三の天にキリストがおられると聖書に書いていますが、キリストはそこでどのようになさっているのか分からないのです。

イエス・キリストと、現在の人間が地球上に生きているのと、どのような繋がりがあるのかという非常に大切なことが、キリスト教では全然分からないのです。これがキリスト教です。

イエス・キリストはキリスト教のご開山ではありません。イエスは宗教家に殺されたのです。宗教家に殺されたイエスを今の宗教家が拝んでいるのです。おかしなことをしているのです。イエスを殺した宗教家が、イエスを拝んでいるのです。

今イエスがやって来たらどうなるのかと言いますと、現在のキリスト教を叩き潰すでしょう。釈尊も同様です。釈尊がやって来たら、今の寺を全部焼いてしまうでしょう。宗教はこんなものです。全くいんちきです。

皆様には本当のこと、命の実物を勉強して頂きたいのです。命の実物とは何かと言いますと、皆様の五官です。目、耳、鼻、口、手は何をしているのでしょうか。皆様は手で触っていながら、触るとはどういうことなのか。音とは何か、色とは何か、形とは何かが分かっていないのです。だから死んでしまうのです。

今までの皆様の常識、知識が間違っていることをまず知って頂きたいのです。今の人間は無明によって死んでいるのです。「罪の価は死である」とパウロが言っています（ローマ人への手紙6・23）。無明とか罪によって人間は死んでしまっているのです。

死んでいる人間であることを、まず悟って頂きたいのです。そうすると、生き返るのです。自分の魂が死んでいることを悟れば、生き返るのです。悟らなければ死んだままになるのです。

皆様の魂は既に死んでいるのですから、命とは何かを勉強したらいいのです。これはどうしてもしなければならないことです。これをしなければ来世でひどいめにあうのです。

皆様は神が分かるだけの能力を持っているのです。その能力を持っていながら、目で何を見ているのか、耳で何を聞いているのか、これをご存知ないのです。これが死んでいる証拠です。

私は皆様の悪口を言っているのではありません。本当のことをずばりと言えばこうなるのです。

本当のことを正直に言えば、皆様は死んでいるのです。これを嫌なことだと思われないでしょうか。もし本当に嫌なことだと思われたら、本当の命を見つけたらいいのです。

命を見つけることが、人生の一番大きな仕事です。働くことが目的ではありません。お金儲けが目的ではありませんし、結婚することが目的ではありません。命を見つけることが人生の目的です。

結婚や商売人は人生の付録です。付録だけに一生懸命にならないで、本職のことを真剣に考えていただきたいのです。

5. 般若心経は東洋人に与えられた関門

般若心経は釈尊の悟りの全体を簡単に要約したものでありまして、これは仏教の経文ではありません。顕教や密教、他力本願以外の仏教でほとんど用いられているのですが、仏教の経典ではないのです。

釈尊という人はインドの釈迦族の皇太子でした。従って宗教家ではありませんでした。人間がどうして生まれたのか。どうして年老いて、病気になって死んでいくのか。いわゆる生、老、病、死の四つのテーマを解決したいと考えて、バラモンの道場に入ったのです。彼は宗教を信じようと思ってバラモン教に入ったのではなかったのです。人生の事実、生まれて、老人になり、病気になって死んでいく。いわゆる生老病死がなぜ人間にあるのかということを究明するために菩提心を起こしたのです。

ところが、バラモンの難行苦行のやり方では生老病死が分からないので、彼自身は難行苦行をやめて、菩提樹の下に座り込んで座禅を組んだのです。村の娘から牛乳をもらってゆっくり考え出した。これがいわゆる座禅の始まりです。

その結果、彼は明けの明星を見て、人間が空であるという一大事を発見したのです。これは事実です。

人間が空であるということは本当です。例えば、皆様は自分がいると考えていますけれど、自分の本体は何であるかが分からないのです。自分の本体が分からないのに、自分がいると思っているのです。

皆様は自分で生まれたいと思って生まれてきたのではありません。そうしますと、今いる皆様は自分ではないはずです。自分が生まれたいと思って生まれてきたのなら、自分はいるのです。

自分が生まれたいと思っていなかったのですから、生きて、見たり聞いたり話したりしているのは、自分ではないはずです。それでは、一体何なのかということになるのです。これが分からないから死んでいくのです。

なぜ人間は死んでいくのか。人生の実体を正確に捉えていないから死んでいくのです。人生の実体を正確に捉えたら、死ぬというばかばかしいことがなくなるはずです。死ななくなるはずです。これは当たり前のことです。

イエスは、「私は甦りであり、命である。私を信じる者はたとえ死んでも生きる。また、生きて私を信じる者は、いつまでも死なない」とはっきり言っています（ヨハネによる福音書11・25、26）。

これは当たり前のことです。極めて当然のことですが、これが極めて当然だと思えない所に現代人のとんでもない考え違いがあることを、よくご承知頂きたいのです。

人間は死ぬべき者ではありません。命の実体が分からないから、死ななければならないだけのことです。

人間が死ぬと考えるのは、人間の妄念です。死なないのが人間です。イエスは、「私は命であり、甦りである」と言っています。「私は道であり、真理であり、命である」と言っています(同14・6)。これが人間の本体です。

釈尊はイエスとちょっと違った言い方をしています。現在、人間が存在すると考えている当体は空であると言っているのです。

人間の実体を端的、率直に言いきれば、般若心経の妙諦になるのです。般若心経は仏教の経典ではありません。

それから聖書ですが、すべての人間の実体をそのままずばりと言っているだけのことです。それもまた宗教ではありません。イエスは宗教に猛烈に反対したのです。時のパリサイ人と法学者に向かって、イエスは徹底的に反対したのです。そうして、とうとう宗教家に殺されたのです。

イエスが十字架につけられたのは、宗教家に殺されたということです。イエス・キリストは宗教を憎んだのです。宗教を痛撃したのです。そのために宗教家に殺されたのです。ところが、現在のキリスト教はそのイエスをご教祖のように崇めているのです。おかしな話です。

キリスト教と聖書は、天地の違いがあるのです。聖書は絶対に宗教ではありません。

般若心経もまた宗教ではありません。イエスはナザレの大工の青年でした。釈尊もイエスも両方とも宗教家ではないのです。釈尊が宗教家でなかったように、イエスもまた宗教家ではなかったのです。従って、般若心経も新約聖書も両方共宗教とは何の関係もない。むしろ宗教を根本から否定する思想になっているのです。

宗教というものは現世に生きている人間が幸いになるため、救われるためにあるのです。ところが、般若心経は現世にいる人間を初めから否定しているのです。聖書も否定しているのです。

一人の人が十字架につけられて死んだことによって、すべての人間は皆死んだのです。これは神の人間に対する明らかな意志表示であって、キリストという人類の代表者を一人殺して、全人類を全部殺したことを神が意志表示したのです。パウロがコリント人への第二の手紙の五章十四節で、このことを言っているのです。

すべての人が十字架によって死んでしまった。これはパウロ神学の根本です。「私はキリストと共につけられたので、死んでしまった」と言っているのです。「今生きているのは自分ではない」とはっきり言っているのです（ガラテヤ人への手紙2・19、20）。

このように、現在生まれたままの状態で生きている皆様は妄念の塊です。死ななければならない人間です。だから、生まれたままの感覚で生きることをやめて、人生の実体を見極めるということをすれば死ななくてもいいのです。

こういう事を藪から棒に申し上げますと、甚だ奇異にお感じになると思いますが、これは旧新約聖書全体を通して要所要所を詳しくお話ししたら、十分にお分かり頂けると思います。

般若心経の思想で言いましても、人間は空です。人間存在そのものが空です。肉体は存在していないのです。物理はありますが、物体はないということを、アインシュタインがはっきり言っているのです。

物が存在するのではない。運動があるだけだとアインシュタインが言っているのです。また、般若心経も色即是空と言って、現象は空だと言っているのです。

物が存在するというのは人間の妄念によるのです。仏になればいいのです。

仏というのはほとくことです。「仏とは　たが言いにけん　白玉の　糸のもつれの　ほとけなりけり」という道歌があります。人間の生活感覚というのは、糸がもつれたように混線しているのです。これを一つひとつほといていくのです。

何のために人間は生まれてきたのか。何のために人間は存在するのか。何のために森羅万象があるのか。命とは何か。神とは何か。死とは何か。これを全部ほといていくのです。

仏教では自性を見ると言います。これは自分自身の本性、本心を見ることです。これを見性と言います。見性成仏と言います。人間本来の姿をはっきり見極めるなら、成仏するというのです。

仏になるというのは、人生全体がほとけてしまうことです。これが仏陀の思想です。人間が救われて極楽へ行くのではない。人生全体の謎がほとけてしまうことです。そうして、自分自身の存在が別のものになってしまうのです。

聖書で言いますと、人間は新しく生まれなければ神の国を見ることができないとなるのです。新しくというのは改めてと読んだ方がいいのです。人間は改めて生まれなければならないのです。

一度現世に生まれた者は死んでしまうのです。母の胎から生まれた者は死なければならないという約束の下にあるのです。そこで、目の黒いうちに自分自身が死んでしまうのです。十字架によって死んでしまうのです。これを聖書が強調しているのです。

十字架というのは、現世に肉体的に生まれた者が一度死んでしまうことです。死んでしまったからその人の罪が消えてしまうのです。死んでしまわない者は、その人の罪業がどこまでも神によって追求されるのです。

死んでしまえばその人の罪も人間も消えてしまうのです。

「イエス・キリストの名によって洗礼を受ける者は、イエス・キリストと共に葬られたのだ」と、パウロがはっきり言っているのです。これが洗礼です。

ところが、現在のキリスト教はそのように解釈していないのです。自分が救われて天国へ行くと考えているのです。そんなばかなことはないのです。

この世に生まれてきた人間は、何のために生まれてきたのかということを知らないのです。こういう者が天国へ行って何をするのでしょうか。また、極楽へ行って何をするのでしょうか。何のために極楽へ行くのでしょうか。

宗教はこういうことが全く分からない人間が、天国や極楽へ行けると言うのです。宗教はこう言って人を騙すのです。

人間は死ぬに決まっていると考えている人は、生まれながらの常識に取りつかれているからです。この世の常識は、実は皆様方自身の思想ではないのです。

例えば、皆様は利害得失を考えます。また、救いとか幸福を考えます。いわゆる善悪利害得失を考えますが、この考えの基本となる思想は一体何かと言いますと、皆様が生まれた家庭で両親や兄弟、友人から色々なことを聞かされたのです。

また、学校に入ってから色々なことを教えられた。社会人になってから色々なことを習った。その結果、皆様の頭には世間一般の常識がこびりついてしまったのです。皆様が考えている思想の実体は、皆様の思想ではないのです。他人の思想です。世間一般の思想です。皆様自身の思想ではないことをよくお考え頂きたいのです。

これを聖書では肉の思いと言っています。この世につける思いです。人間自身の思いではなくて、この世につける思いのために、世間並の考え方のために、人間は死んでいかなければならないことになるのです。

自分の思想によって死んでいかなければならないことならしかたがないのですが、他人の思想を見習ったために死んでいかなければならないのです。

そこで、皆様には自分自身の本来の姿、自分の本性を見て頂きたいのです。人間とは何であるか。神とは何であるか。命とは何であるかについてはっきり究明するなら、皆様は死ななくてもいいのです。

自分は死ななければならないと思い込んでいる人は、敗北思想です。負け犬の思想です。死ななければならないと思い込んでいる人は、死んでしまわなければならないことになるのです。死

これは自分の思想によって自分が死んでしまうことになるのです。

イエスは、「汝の信仰のごとくに汝なるべし」と言っています。皆様が世間並の思想を自分のものと考えているなら、世間の人と同じように死んでしまわなければならないことになりますが、もし釈尊の空が分かり、イエス・キリストの十字架の意味が十分に分かるなら、皆様は死なない人間になるのです。これが本当の救いです。

死んでから天国へ行くというのではありません。目の黒いうちに、現在生きている間に、永遠の生命の実物を掴まえるのです。

目の黒いうちに永遠の生命の実体を掴まえるのです。「私は命である」とイエスが言っています。イエスの思想によって生きるのです。

そのためには、まず釈尊の空が分からなければ、なかなかイエスの信仰は分かりません。釈尊の空が本当に理解できなければ、イエスの思想はとても理解できないのです。

ユダヤ人はイエスを理解することができなかったのです。なぜかと言いますと、モーセの掟の本当の精神が分からなかったからです。だから、イエスを受け入れることができなかったの

です。

イエスを受け入れる前に、一度関門を通らなければならないのです。ユダヤ人にはモーセの掟という関門があるのです。東洋人には釈尊という関門があります。アラブ、アフリカにはマホメットという関門があるのです。

ソクラテス、マホメット、釈尊、モーセはイエスの前に置かれている関門です。この関門を通過しなければ、イエスの所に到ることができないのです。


創世記に次のようにあります。

「神は人を追い出し、エデンの園の東に、ケルビムと回る炎の剣とを置いて、命の木の道を守らせた」（3・24）。


命の木とはイエスを指しています。回る炎の剣がモーセの掟であり、釈尊の空です。これを理解しなければ、命の木であるイエスの正体をはっきり捉えることができないのです。

皆様は現在生きているのですから、今なら命が分かるはずです。しかし、皆様は生きていながら命が分からないのです。命とは何かについてはっきりしたことは言えないでしょう。現在生きていながら命が分からない。これが現在の人間の迷いの姿の実体です。

人間は現在、気まま、気紛れ、気の迷いで生きているのです。これが現在の人間の思想の状態です。何も分からない。何のために生きているのか。結婚とはどういうことなのか。性欲がどういうことなのかが分からないのです。

親子の関係も、夫婦の関係も分からないのです。ただ世間並に生きている。世間の人が結婚するから自分も結婚するという程度のものです。

そういうあやふやな人生をやめて、はっきり自分の両足で大地を踏みしめるのです。人間は現世の生活を楽しむために生まれてきたのではありません。現世で神を経験するために生まれてきたのです。神は命の本源です。命そのものを本当に経験するために生まれてきたのです。

現世でマイホームを楽しむために生きているのではないのです。人間の魂は現世に送られたのです。イエスが現世に送られたように私たちも現世に送られたのです。神を経験する、命を正当に経験するために生まれてきたのです。

命を正確に経験すれば、釈尊の思想やイエスの思想が、はっきり皆様のものになるのです。逆に言いますと、皆様が釈尊やイエスの思想をはっきり経験すれば、命の実体が分かるのです。どちらも同じことになるのです。

死ぬというばかばかしい考えをやめて頂きたいのです。死を蹴飛ばすのです。死を踏んづけるのです。そうして本当の人生を掴まえることができるという事を勉強して頂きたいのです。

人間は旅行をする場合、その目的と行程を考えて旅行をします。ところが、七十年、八十年の人生を目的なしに生きているのです。これは目的なしに何十年も旅行をしているのと同じです。これは少々おかしいのではないかと思うのです。

私たちは自分の意志で生まれてきたのではないのです。これは分かりきったことです。自分の意志で生まれてきたのではないとしたら、自分の意志だけで生きているのは甚だおかしいのです。

四百年程前に、フランスにデカルトという哲学者がいました。この人が、「我思うゆえに我あり」と言いました。

自分が思うから、自分が考えるから、自分はいると考えたのです。自分が物事を考えると言いますけれど、心理機能がなければ考えたり、思ったりできないのです。ところが、心理機能は自分で製造したものではありません。生理機能もまた、人間自身が造ったものではないのです。

親から伝承したもの、先祖代々から伝承したものということができるでしょうけれど、その根源は人間が人間の意志に従って勝手に造ったものではありません。その証拠に自分の生理機能、心理機能を自分で改造することができないのです。

自分の髪の毛一本でも自分で造れませんし、身長も自分で伸ばすことができないのです。

人間は自分の生理機能や心理機能が、自分の意志によってできたものではないということを、ごく平明な感覚で受け取るべきだと思うのです。こういうことからまともな人生観が生まれてくるのです。

人間が自分の意志で生まれてきたのではないとしたら、今いるのは自分ではないはずです。私も自分の意志で生まれてきたのではありませんから、今いる私は自分ではないのです。自分の意志で生まれてきたのではないのなら、自分がいると思うのはおかしいのです。

ハイデガーという実存主義の哲学者がドイツにいました。世界の哲学者の大御所と言われた人ですが、この人が自我というものは大変悪いものだと言っています。どうしてこういう意識が人間に入り込んできたのか分からないと言っているのです。

自我が悪いものだということは分かるのですが、なぜ悪いものかということが分かっているのも自分です。焼き餅をやくのは自分です。嘘を言うのも自分です。腹を立てるのも自分です。焼き餅をやいたり、腹を立てたりして苦しむのは、結局自分です。

自分が焼き餅をやいて、自分が苦しんで自分が地獄へ行くのです。死ぬのが恐ろしいのも自分です。その代わりに喜ぶのも自分、楽しむのも自分だという言い方もできますけれど、とにかく人生の苦しみ、悲しみ、悩みというものはすべて自我意識に基づくものです。自我という意識がなければ、人間は苦しみ悲しみから完全に解放されることになるのです。

6. 究竟涅槃

般若心経の中に、「菩提薩埵　依般若波羅蜜多故　心無罣礙　無罣礙故無有恐怖　遠離一切顚倒夢想　究竟涅槃」という言葉があります。

これは何かと言いますと、般若波羅蜜多の思想によって心無罣礙になるというのです。般若波羅蜜多とは向こう岸へ渡った知恵ということです。

こちらの岸は人間が生きている生活概念です。生活観念です。自我意識です。これがこちら岸です。向こう岸へ渡るというのは、人空、法空を体得した境地です。人空とは人間が空であるということです。法空というのは現象世界が空であるということです。

向こう岸へ渡ってしまった状態を般若波羅蜜多と言っているのですが、般若波羅蜜多の思想によって心に少しも差し障りがない。だから恐怖が全くない。人間のすべての考えはひっくり返っていて、夢のような考えをしている。これを遠く離れてしまうのです。そうして究竟涅槃の境に入ってしまうのです。

涅槃とは冷えて消えてなくなってしまうことです。自我意識と現象意識がすべて消えてしまって空になっている。これが生まれたままの赤裸の人間です。

般若心経は究竟涅槃が目的です。人間が消えてしまうことです。これが目的です。しかし、これでは命の実体を捉えたことにはならないのです。

命とは何か。何のために生まれてきたのか。命の経験をするという、この目的を般若心経ではは っきり提えていない所があるのです。

私は般若心経の思想を尊敬します。しかし、これだけでは完全だとは言えないのです。そこで、般若心経にプラスしなければならないことがあるのです。

ナザレのイエスという人物は、「私は命である。私は道である。誠である」と言っています（ヨハネによる福音書14・6）。「私は生けるパンである。私を食べなさい」と言っているのです（同6・51）。

仏典は総合的に申しますと、究竟涅槃を説いているのです。ニル・バー・ナーを説いているのです。涅槃寂静の境を説いているのです。聖書は永遠の生命を説いているのです。究竟涅槃、空であり無であることが土台になって、初めて本当の永遠の生命が分かるのです。

キリスト教が間違った根本原因は何かと申しますと、今生きているままの気持ちでキリストを信じようとすることです。ここに間違いがあるのです。

この意味で世界中のキリスト教が全部間違っているのです。はっきりそう言えるのです。現在のキリスト教の人々は、死んだら天国へ行くと考えています。天国へ行くことが目的で聖書を信じているのです。

死んだら天国へ行くということは聖書に書いていません。もしそう書いてあると思われたら、聖書を読み間違えているのです。

十字架にかけられている犯罪人に対してイエスは、「よく言っておくが、あなたは今日私と一緒にパラダイスに入るであろう」と言っていますが（ルカによる福音書23・43）、この箇所を引用して死んだら天国へ行くと言っているのです。これが間違っているのです。

本当に神を信じるということは、人間の思想で信じてもだめです。本当の信仰というのは神の思想です。キリスト自身の思想です。

聖書に、「神を信じなさい」とありますが（マルコによる福音書11・22）、これを英訳ではHave faith in God. となっています。

神における信仰を持てと言っているのです。神の信仰を持てという意味です。それを神を信じると訳しているのです。宗教観念で訳しているからそういうことになるのです。だから間違っているのです。

神の信仰を持とうとしますと、まず人間が空であることを悟らなければいけない。現在肉の思いで生きている人間がそのままの状態でいくら聖書を信じても絶対に救われません。

まず空になることです。はっきり五蘊皆空を信じることです。五蘊皆空を信じることは、聖書の十子架を信じることと同じことになるのです。十字架と般若心経は同じことです。

パウロは言っています。「私はキリストと共に十字架につけられた。生きているのは、もはや、私ではない」（ガラテヤ人への手紙2・19、20）。

イエスと共に死んでしまうこと、イエスと共に葬られてしまうことです。そうして、全く新しい生命の存在として、新しい命の自分として、もう一度聖書を見直すことです。これを新に生きると言うのです。

こういうことがキリスト教では正しく説かれていないのです。聖書には書かれているのですが、今のキリスト教はそれを正しく読んでいないのです。今のキリスト教は神に関する説明ばかりをしているのです。

例えば、神が全知全能であるとか、イエス・キリストを信じれば救われるとかいうことは神に関する説明です。神そのものを教えているのではありません。キリストそのものをはっきり教えているのではありません。こういう点がキリスト教が間違っている所です。

イエスは一通りや二通りで分かる人物ではないのです。今の文明の概念から言いますと、全く奇々怪々な人物です。大工の青年がなぜキリストであったのか。こういうことを本当に知ろうと思ったら、まず自分の概念が空であることを悟ることです。悟る上に救いがあるのです。

般若心経には悟りはありますが救いはありません。そこで、般若心経という悟りの段階を経て救いの段階へ入りますと、本当に聖書がはっきり分かる。そうして、皆様の実体が分かるのです。皆様の命の実体が分かるのです。

イエスはすべての人を照らす誠の光であって、イエスを鏡として自分自身を見れば、イエスと自分自身とは同じものだということが分かるのです。

実は仏説阿弥陀経にあります阿弥陀仏という言葉も、哲学的に申し上げたらイエスと同じことになるのです。イエスの孫弟子がインドへ行って福音を伝えたのです、そこで福音とインドの思想が合わさって三部経が造られたのではないかと思われるのです。

仏典には天地創造が書かれていません。仏教は天地創造を認めていないのです。そこで神を認めていない所から出発しているのです。

天地が造られたということ、万物が造られたということが、神の約束ということです。地球にある森羅万象は火星にも金星にもありません。もちろん太陽系宇宙以外には全くないのです。太陽系宇宙には個体としての惑星がありますが、太陽系以外の外宇宙はガス体です。月のような、金星のような個体としての惑星さえもないのです。太陽系宇宙は地球を造るための特殊現象です。

森羅万象が存在するということ、ことに皆様のような五官を持った人間が、自動車に乗ったり、飛行機に乗ったりしていることは、全くの秘密です。宇宙の秘密です。

大体、宇宙にはこういうことはあり得ないことです。地球以外に人間がいるということは、SF小説にはありますけれど、そういうことはあり得ないのです。人間が存在するのは地球だけです。

一体地球が存在するというのは何であるのか。人間がこの世に現われたということが何であるのか。これが神です。神の御名（実体）です。神の約束です。神の約束とか神の御名が日本人には全然分かっていないのです。キリスト教でも分からないのです。

神とは何かがキリスト教で分からないのです。天地の造り主だと言います。造り主とは何か、どこにいるか分からないのです。分からないから信じなさいと言うのです。命の実物も分からないのです。キリストの実物も分からないのです。第三の天にキリストがおられると聖書に書いていますが、キリストはそこでどのようになさっているのか分からないのです。

イエス・キリストと、現在の人間が地球上に生きているのと、どのような繋がりがあるのかという非常に大切なことが、キリスト教では全然分からないのです。これがキリスト教です。

イエス・キリストはキリスト教のご開山ではありません。イエスは宗教家に殺されたのです。宗教家に殺されたイエスを今の宗教家が拝んでいるのです。おかしなことをしているのです。イエスを殺した宗教家が、イエスを拝んでいるのです。

今イエスがやって来たらどうなるのかと言いますと、現在のキリスト教を叩き潰すでしょう。釈尊も同様です。釈尊がやって来たら、今の寺を全部焼いてしまうでしょう。宗教はこんなものです。全くいんちきです。

皆様には本当のこと、命の実物を勉強して頂きたいのです。命の実物とは何かと言いますと、皆様の五官です。目、耳、鼻、口、手が何をしているのでしょうか。皆様は手で触っていながら、触るとはどういうことなのか。音とは何か、色とは何か、形とは何かが分かっていないのです。だから死んでしまうのです。

今までの皆様の常識が、知識が間違っていることをまず知って頂きたいのです。今の人間は無明によって死んでいるのです。「罪の価は死である」とパウロが言っています（ローマ人への手紙6・23）。無明とか罪によって人間は死んでしまっているのです。

死んでいる人間であることを、まず悟って頂きたいのです。そうすると生き返るのです。自分の魂が死んでいることを悟れば、生き返るのです。悟らなければ死んだままになるのです。

皆様の魂は既に死んでいるのですから、命とは何かを勉強したらいいのです。これはどうしてもしなければならないことです。これをしなければ来世でひどいめにあうのです。

皆様は神が分かるだけの能力を持っているのです。その能力を持っていながら、目で何を見ているのか、耳で何を聞いているのか、これを知らないのです。これが死んでいる証拠です。

私は皆様の悪口を言っているのではありません。本当のことをずばり言えばこうなるのです。本当のことを正直に言えば、皆様は死んでいるのです。これは嫌なことだと思われないでしょうか。もし本当に嫌なことだと思われたら、本当の命を見つけて頂いたらいいのです。

命を見つけることが、人生の一番大きな仕事です。働くことが目的ではありません。お金儲けが目的ではありませんし、結婚することが目的ではありません。命を見つけることが人生の目的です。

結婚や商売は人生の付録です。付録だけに一生懸命にならないで、本職のことを真剣に考えて頂きたいのです。

7. 天地宇宙の命に生きるために

人の言うこと、行うことを善意に見るということが、人間には実行不可能なことです。善意に見ることができればいいのですが、自分がいる、自分が生きているという気持ちがありますと、善意に見ることが出来ないのです。自分がいるという気持ちがありますと、自分に逆らう人に対しては善意に見るということはできないのです。

自分と他人は、親子でも、兄弟でも、夫婦でも利害が反する場合があるのです。そういう場合にはいつでも善意を持つということはできません。

無に帰るということは、命の実質をもっと知りたいと考えることです。皆様がこの世に生まれたその因縁を知ることです。生まれてきた因縁が分からないままで生きている状態を、無明煩悩というのでありまして、この世に生まれてきた因縁をよく知りさえすれば、腹を立てたり嘘を言ったり、憎んだり恨んだりすることがなくなるのです。

地球が存在すること、地球が存在する因縁を知る必要があるのです。地球が存在するから人間が生まれてきたのです。地球がなかったら人間が生まれてくるはずがないのです。

地球という妙なものがなぜ宇宙にあるのかということです。これが宗教では全く分かりません。仏教でも分からないのです。

地球がなぜあるのかについて、仏教では因縁所生と言います。因縁によって地球があるのだと仏教では考えています。地球ができなければならない因縁はどういう因縁なのかと言いますと、これが分からないのです。

地球ができた因縁は、旧約聖書の創世記を勉強すると分かるのです。しかし、現在のキリスト教は創世記の勉強を全くしていないのです。キリスト教の人に地球がなぜできたのかと質問しても誰も答えられないのです。

聖書にははっきり書いてあるのです。ですから、キリスト教ではない聖書を勉強しないといけないのです。キリスト教ではない本当の聖書には、天地ができた因縁が書かれているのです。天地ができた因縁をご承知になれば、自分の命の因縁が分かるのです。

皆様が人に対して善意を持とうと思えば、今までの自分の根性が間違っていたということに気付いて頂きたいのです。

皆様がこの世に生まれたことは悪因縁の中へ放り込まれたようなものです。天理教では悪因縁ということを盛んに言いますが、悪因縁の根本が分からないのです。悪因縁がどこから出てきたのかという説明が出来ないのです。

地球には恐ろしい因縁があるのです。皆様がこの世に生まれてきたということは、因縁の中に放り込まれたようなものでありまして、皆様が今生きている命は死ぬに決まっている命です。そこで生きているうちに、目の黒いうちに本当の命を見つけなければならない責任があるのです。これを業《ごう》を果たすというのです。

業を果たさずに死んでしまった人は、お気の毒ですが、必ず地獄の責め苦に合うことになるのです。必ずそうなるのです。

それは、現世にいる何十年かの尊い人生を無駄に使っていたからです。

人間の魂は本当の命を知るだけの力を十分に持っているのです。ところが、その命を正しく使わないで、また、素直な善意に従って生きないで、自分の生活にかまけていた、自分の欲望を満足させることにかまけていた、それに対して罰金を取られるのです。

まず平易な気持ちになって、今まで生きていた自分の我を張るような気持ち、自我意識的な気持ちを捨てて、損をしようが得をしようが関係なく、本当に素直に生きるということをまず考えてください。そうしたら、普意に考えることが、少しくらいはできるでしょう。

今までの自分の考え方が正しいと考えている間は、本当の命は分かりません。ここが般若心経の非常に大切な所です。まず究竟涅槃という気持ちを起こして頂きたいのです。これは菩提心をおこすことになるのです。

般若心経を勉強している方、また写経をして寺へ送っている方はたくさんいます。

般若心経の愛好者は一千万人くらいもいると言われています。しかし、般若心経の心が分かっている人はめったにいないのです。

般若心経の専門家なら、般若心経の説明はしますけれど、説明ができてもだめです。般若心経の字句の説明ができたくらいではだめです。

だいたい、般若心経を仏教の寺で扱っていることが間違っているのです。般若心経の本当の精神で申しますと、遠離一切顚倒夢想、究竟涅槃、五蘊皆空、色即是空、是故空中、是諸法空相というような原理で考えますと、現在の仏教は皆間違っているのです。

現在の仏教は、どれもこれも全部間違っているのです。空を説いていないからです。空を実行していないのです。般若心経から見ますと、宗教は全部間違っているのです。

本当の般若心経を説けば仏教が成立しなくなるのです。ですから、お坊さんは本当のことを言わないのです。理屈で般若心経の説明はしますけれど、般若心経の心を自分の心にするのでなかったら、本当に般若心経が分かったとは言えないのです。

皆様に般若心経の心を心とする気持ちがあれば、本当の命が分かるのです。今まで皆様が何十年か生きてきたその人生が、全部間違っていたことが、はっきり分かるのです。

自分の人生の方向転換をするということは、大変なことですけれど、これをしなければ必ず死んでしまいます。どうか死ぬか生きるかということを真面目に考えて頂きたいのです。般若心経の心を心とするような人柄になって頂きたいと思うのです。

般若心経の冒頭に、観自在菩薩、行深般若波羅蜜多時とありますが、これは人間の悟りではなくて、観自在菩薩の悟りであると言っているのです。

観自在菩薩は観世音菩薩と同じです。原語のサンスクリットを訳した人によって違っているのです。三蔵法師玄奘《げんじょう》の訳は観世音です。鳩摩羅什《くまらじゅう》は観自在と訳しているのです。どちらも同じことです。

観世音とはこの世の中の音を見るのです。音を見るというのはおもしろい言い方ですが、自在とはおのずからあることを見ることです。

自というのはおのずからという意味です。自をみずからと読みますと自分がいるという考えになるのです。自分があるのではなくて、おのずからがあるのです。おのずからというのは、天然自然の命があるということです。

皆様が生きているのは、自分が生きているのではなくて、天然自然の命が皆様となって現われているのです。天然自然の命というのは死なない命です。

おのずからある自分の命を見ることが観自在です。般若心経に観自在菩薩、行深般若波蜜多時、照見五蘊皆空、度一切苦厄とありますが、これが般若心経の目的です。

五蘊皆空とありますが、例えば地球があるのではなくて、地球を形造っている五蘊があるのです。現在人間が生きているように思いますが、生きている人間があるのではなくて、五蘊が人間の格好になっているのだというのです。

それでは五蘊という変なものがなぜ地球になって存在しているのか。なぜ自分が生まれてきたのか。そういう根本原理を、般若心経は述べていません。

なぜ人間が生まれてきたのかという人生の目的は、般若心経には書いていないのです。仏教全体でも人間が生まれてきた目的は書かれていないのです。

私たちは般若心経によって無に帰るのです。空を悟るのです。空を悟って無に帰るのです。そこで初めて神を信じることができるのです。人間が常識を持ったままでは、神を信じることはできません。神を信じるためには人間が無に帰らなければいけないのです。

観自在になるのです。観世音するのです。観世音は固有名詞というよりも動詞として考えて頂きたいのです。観世音するのです。料理をするように、お裁縫をするように、観世音するのです。

皆様がこの世に生まれてきたことについて、自分自身がこの世に生きている状態を見極めるのです。これが観世音です。そうしますと、初めて神を信じるという意味が分かってくるのです。

神を信じるというのは命を信じることであって、皆様の目が見えているのは命のおかげです。皆様が見ているのではありません。命が皆様にあるから目が見えるのです。そこで、命が自分にあるというこの有り難いことをよく知って頂きたいのです。そうしたら死ななくなるのです。

イエスが復活したように、皆様も死を破ることができるのです。

本当に神を信じるためには、人間の常識的な妄念を捨ててしまわなければだめです。そこで般若心経がどうしてもいるのです。

世間のキリスト教も仏教も皆間違っているのです。間違えているつもりはないでしょうけれども、間違ってしまっているのです。この世の宗教は現世に生きている人間を喜ばせるためにあるからです。この世に生きている人間というのは本当に間違っているのです。観自在が本当です。観世音が本当です。

観世音ではない人間がいくら救われて仏国浄土へ行きましても、成仏はしないのです。皆様がナムアミダブツと言って仏国浄土へ行っても、浄土の方では困ります。大変な者が来たと言って困るのです。成仏させる訳にもいかず、地獄へ追い出すわけにもいかず、仏国浄土へ置いておく訳にもいかず、しょうがないからもう一度やり直せということになれば有り難いのですが、そうはならないのです。

仏国浄土を軽んじた罪が重なる訳でありまして、本当の他力本願というのはそんな甘いものではないのです。今の本願寺が言っているような甘いものではないのです。般若心経も今の寺で読んでいるような甘い物ではないのです。

皆様は心の中では今の仏教は頼りないものだと思っているでしょう。そのとおりです。頼りないものです。そんなものを信じても何にもならないのです。

宗教は人間の煩悩に迎合しているのです。私は宗教ではなくて、本当の命を皆様に分かって頂きたいのです。そんなに難しいことはとてもできないと言われるでしょう。死ぬことを思えば何でもないのです。死ぬことを思えば少々難しいくらいのことは我慢して頂きたいのです。

放っておいたら皆様は死ぬのです。このことを真面目に考えてください。真剣に考えて頂きたい。イエス・キリストが死を破ったのは、歴史的事実です。歴史的事実を勉強したらいいだけのことです。地球が丸いということを勉強するのと同じことです。やる気があれば何でもないのです。難しい、難しいと言わないで、心を開いてやる気になって頂きたいのです。こういう私は何の得もしませんが、皆様が得をするという訳です。

哲学は人間が考えた理屈です。私が申し上げていることは哲学でも理屈でもありません。人間が生きているという事実をそのまま申し上げているのです。

般若心経を悟った釈尊は、いわゆる職業宗教家と違います。イエスも職業宗教家ではありません。大工の青年です。職業宗教家は皆商売をしているのです。

私は生きている事実をそのまま申し上げているのですから、今までの人生が間違っていた、このまま生きていたら必ず死ぬということを真剣に考えて頂いたら、糸口が見えてくると申し上げているのです。

道元禅師が、「生死のうちに仏あれば生死なし」と言っています。現在人間が生きているのは、生死であって命ではないのです。

命は天地宇宙の本源の命をいうのであって、命は皆様ご自身のものとは違うのです。自分の命があると考えていることがもう間違っているのです。だから死んでしまうことになるのです。

私たちは天地の命で生きているのですから、天地の命ということが分かれば死ななくなるのです。般若心経は空に帰ることを言っているのですから、自分の現在の考えを捨ててしまうという度胸さえできれば、死なくなるのです。簡単なことです。

自分の考えを変えるという気持ちが一番必要なことです。仏教で言いますと、発菩提心と言います。菩提心を起こすのです。自分の考えを持ったままで般若心経を読んだり、聖書を読んだりしてもだめです。仏教になったり、キリスト教になったりするだけです。

宗教はこの世の人間を喜ばすためにあるのです。誰でも宗教を信じますと、自分が信じている宗教は立派なものだ、自分の宗教は頼りないものではないと思っているのですが、宗教は皆この世の人間のためにあるのです。

この世の人間の商売が繁盛すること、家庭が円満になること、病気が治ること、いわゆる五穀豊穣、国家安泰を願うのです。

なぜこういうことを願うのかと言いますと、宇宙の命が自分の国や自分の家庭に豊かに働いてくれるように願っているのです。

人間の願いは、実は命が豊かに注がれるようにと願っているのです。病気が治ることも、お金が儲かることもすべて宇宙の命を注いでもらいたいという願いの現われです。結局、命を尊ぶということが人間の願いになっているのです。それで生きているままの命を尊びたいと考えているのです。これが間違っているのです。

現在の人間は自分が生きていると思っているのです。生きているのは自分ですが、命は自分のものではないのです。自分は生きていますけれど、天地の命で生きているのです。

命は天地の命がただ一つあるだけです。この他に本当の命はありません。従って、一人ひとりの命がある訳ではありません。こういう考え方を改めて、まともに考えるという気持ちを持とうということが一番必要です。

私がお話しすることを皆様は難しい難しいと考えます。なぜそのように考えるのかと言いますと、今までの自分の考えを持ったままで私の話を受け取ろうとするから難しく思えるのです。

これは難しいです。例えば、両手にいっぱい何かを持っていて、さらに他のものを持とうとしても難しいのです。今自分が両手に持っているものを下に置くのです。そうして、他のものを持つのです。そうしたら難しくはないのです。

何回も言いますが、皆様はこのままでは必ず死んでしまいます。皆様の魂は地獄の餌食になるだけです。地獄なんかあるもんかと言われるかもしれませんが、間違いなくあるのです。

人間の魂は人間が考えているようなものではないのです。

魂とは何かと言いますと、皆様の理性が肉体的な状態で働いていることをいうのです。皆様が現在生きているのは魂として生きているのです。魂は皆様の所有物ではないのです。天ののです。誠の神のものです。

命は自分のものだと思い込んでいます。全世界の人間は皆そう思っているのです。自分の命だから、自殺してもかまわないと考えている。これはとんでもないばかなことです。

人を殺すのも、自分を殺すのも同じことです。殺すということでは同じです。自分を殺してもやはり殺人罪になるのです。命は神のものです。命は神です。自殺することは神を殺すこと、殺神罪という恐ろしいことになるのです。

肉体もまた皆様のものではありません。もし肉体が皆様のものであるのなら、自分の顔の形や身長を自分で自由に決められるはずです。肌の色も自由にできるはずです。ところが、それはできません。

病気になっても勝手に治すことはできません。皆様の肉体でさえも自分自身のものではありません。ましてやその命においておやということです。

皆様は持って生まれた潜在意識、本当に正しい理性で考えれば、自分が今生きているのは間違っているということが分かるに決まっているのです。

皆様はそれを何となく感じています。だから、死にたくないと思うのです。だから、もう少し真面目に考えて頂きたいのです。難しい難しいと言わないで、勉強しようという気持ちになって頂きたいのです。

皆様は生活することには熱心ですけれど、人生については全く不熱心です。これがいけないのです。生活のことは真面目に働く気持ちがあれば誰でもできるのです。人生のことを真面目に考えたら、必ず生活はついて回るのです。

伝教大師、最澄が、「道心に餌食あり、餌食に道心なし」と言っています。道心というのは真面目に命を考えることです。真面目に命のことを考えていたら、勝手に衣食住がついてくるというのです。

衣食住に一生懸命になっている人には、命のことは全く分からないと言っているのです。これが伝教大師の言葉です。非常に良い言葉です。こういうことだけでも真面目にお考え頂きたいのです。

般若心経を勉強することが本当の道心です。無に帰るのです。現在自分が生きている状態が間違っていることをはっきり認めるのです。これから始めることが、本当の命への方向です。

神とは絶対のことです。例えば男が男であること、地球が自転公転していることが絶対です。神は絶対であって、信じてもよい、信じなくてもよいというのとは違います。

日本の憲法が間違っているのです。宗教の自由を日本の憲法でうたっていますけれど、これが間違っているのです。政治、経済は現世における人間の生活を管理することが目的です。現世における人間生活を管理するという点で言えば、信教の自由です。何を信じようと勝手です。しかし人間の本質、本性という点から考えますと、皆様の魂は現実に存在しているのです。

皆様の理性が肉体的な状態で今生きています。これを魂というのです。現世の生活の問題なら憲法で解決されますけれど、皆様の魂のことは政治、経済ではだめです。これは次元が違うのです。

神は絶対であって、人間は生きてる間は神を信じたくないという理屈は言えるのですけれど、死んだらそういう理屈は通らないのです。

皆様は死を真面目に考えたことがないでしょう。死んだらどうなるのかということを、真剣に考えたことがないでしょう。だから、死後における自分の魂の責任が、全く分かっていないのです。

人間は現世にいる間は勝手に生きていられるのですが、勝手な人間の理屈は現世においてだけしか通用しません。キリスト教とか仏教というのは現世だけのものです。死んだら通用しません。

死んでから天国へ行きたいと思ってキリスト教を信じている。死んだら仏国浄土へ行きたいと思って仏教を信じている。天国や仏国浄土へいけるというのは嘘です。聖書にも仏典にも、現世に生きている間に本当のことを悟っていなければだめだということを、繰り返し繰り返し言っているのです。

ところが、教会でも寺でも、そういうことを教えません。そういうことをはっきり言うと人が来なくなるのです。お賽銭が集まらなくなるのです。宗教はお金儲けですから、お客さんを呼び寄せるためには、あまり本当のことが言えないのです。

お坊さんも牧師さんも、本当のことを知らないのです。彼らは神や仏という言葉を使いますけれど、本当の神を知っている牧師さんは日本には一人もいないのです。

今の日本には真理、神の絶対が正確に説かれていないのです。生きているうちは人間の自由意志はある程度通用しますけれど、生年月日を変更したり、男が女になったりはできないのです。自分の年令を短くしたり長くしたりもできないのです。二百とか三百歳まで生きることはできません。

皆様は現世を去ってから、初めて神に面会しなければならないことになるのです。中国の毛沢東は生前に、この世を去ったら神に会わなければならなくなると言っていたのです。毛沢東でも死んでから神に会わなければならないと言っていたのです。共産主義の凝り固まりのような男でも、これくらいのことは知っていたのです。

皆様はこの世を去ったらどうなると思われるのでしょうか。死んだ後は知らぬ存ぜぬでは通用しないのです。神を信じないとか、神に会いたくないと言っても通用しないのです。これを絶対というのです。

だからもう少し真面目になって、命のことを考えて頂きたいと言っているのです。死んだらしまいというものではないのです。地獄へ行こうが、黄泉《よみ》へ行こうが、神が待っているのです。現世でなら自由意志によって神を掴まえることができるのです。神に出会うことができるのです。神に巡り会うことができるのです。現世では恋人に巡り会うように、神に巡り会うことができるのです。ところが、死んだらそうはできないのです。

そこで目の黒いうちに、人生をもっと真面目にお考え頂きたいのです。神はすぐには分かりませんが、分かりたいという気持ちを持つのです。そうしたら、自ら道が開かれるのです。

私はふつつか者ですけれど、こういうことをお話ししたいのです。私が言うことを真面目に聞く人はめったにいないでしょう。いないでしょうけれど言わざるを得ないのです。

今の日本人は命について全く不熱心です。考えていないのです。放っておいたら日本人は必ず死んでしまいます。ですから、たとえ少数の人にでも本当の真理とは何かを申し上げたいのです。

今までの世間の常識で生きているのは全くの異邦人です。生活のことだけを考えているのは、全くの異邦人です。異邦人の人に申し上げてもお分かり頂けませんが、地球があることは大変なことを示しているのです。

実は地球があるということ、空気があるということ、雨が降るということが神の約束ということです。地球が自転公転していることが神の約束です。太陽が輝いていることが神の約束です。この本当の意味を人々に知らせたいというのがイエスの考えです。イエスはこれを人々の前で公言したために殺されたのです。

イエスは本当のことを言ったから殺されたのです。日本では本当のことを言えば言う程、人々に憎まれるのです。私も本当のことを言うからめったに人が信じないのです。

仏教と仏法とは違います。このことが現在の仏教信者に分かっていないのです。仏法というのは釈尊の悟りです。仏教というのは、各宗派の宗祖の考え方です。例えば、日蓮の考え方が日蓮宗の教義になっています。親鸞の考えが浄土真宗になっているのです。道元の考え方が曹洞宗になっているのです。

日本には仏教がたくさんありますけれど、仏法は一つもないのです。仏法が分からずに仏教を勉強しても意味がないのです。

法然も、道元も、親鸞、弘法大師も仏教を伝えたのです。釈尊と親鸞とどこが違うかと言いますと、釈尊は明けの明星を見たことによって、現在人間が生きていることが空だと悟ったのです。一切空と言ったのです。

ところが親鸞は一切空にならないのです。人間が阿弥陀如来のお慈悲を受けて、仏国浄土に行けるのだと言っているのです。死んでから浄土参りができるのだという思想です。

念仏を申し上げていると、この世を去る時に仏さんが迎えに来てくれる。お迎えに来てくれるというのです。釈尊はこういう事を全然言ってないのです。

般若心経の中心を流れるこの思想は、釈尊の思想です。ところが、般若心経の中心を流れている思想が、今の仏教界では説かれていないのです。

般若心経はいろんな宗派でずいぶん使われていますけれど、本当に信じている人がいないのです。

五蘊皆空とありますが、この五蘊というのは人間の感覚、意識全体を指しているのです。人間が考えていることは、常識でも、知識、学問でも、悟りでもすべて五蘊になるのです。

人間が生きていて考えることは全部空になるのです。皆様が例えば仏が分かったと思い、神を信じていると思っていても、それが間違っているのです。神を信じるというその信心が間違っているのです。

親鸞が阿弥陀如来を信じていたその信じ方が間違っていると般若心経が言っているのです。これが釈尊の本当の思想です。

釈尊の思想は一切空であって、私たちが今生きていることが空であるというだけではなくて、地球があるということが空なのです。

こういうことは今の日本では通用しないでしょう。今の日本に通用するのは、親鸞の信仰とか、日蓮の考え方、道元の世界観、価値観は通用するのです。ところが、釈尊の悟りは今の日本には全く通用しません。

仏教はぴんからきりまで全部宗教ばかりです。これは生きている人間を相手にしているのです。生きている人間が救われること、生きている人間が幸いになることを考えているのです。家庭円満、商売繁盛を願っているのです。こういうことが宗教の目的です。

ご利益がなければ宗教は存在しないのです。ところが、釈尊の悟りはご利益を一切無視しているのです。ご利益どころか、現在生きている人間を無視しているのです。これが釈尊の本当の悟りです。

これが般若心経にはっきり出ているのです。五蘊皆空、色即是空、究竟涅槃という言葉は、これを示しているのです。般若心経だけが釈尊の仏法に近いものを示しているのです。

本当のことを言いますと、般若心経でさえも釈尊の本当の思想は現われていないのです。釈尊は明けの明星を見て悟りを開いた。これが般若心経には出ていないのです。

釈尊が言っている空とはどういうことなのか。これが今の日本の仏教では説明ができないのです。不立文字と言ったり、千聖不伝と言っています。不立文字というのは文字に現わすことができないというのです。千聖不伝とは千人の聖《ひじり》と言えども伝えることはできないというのです。日く言い難しであって、空ということが説明できないのです。これが日本の仏教の大欠点です。なぜできないのかと言いますと、生きている人間を相手にしているからです。生きている人間を相手にしますと、空が分からないのです。

私は人間を相手にしているのではありません。人間の考えが間違っていると申し上げているのです。皆様の道徳意識でも、法律に関する概念でも、常識も知識もそれが間違っていると申し上げているのです。般若心経が言っていることをそのまま皆様にお伝えしているのです。

これは宗教ではありません。ところが、人間を相手にしてご利益を説きますと、すべて宗教になってしまうのです。今日の日本の仏教でご利益を説かない宗派は一つもありません。全部ご利益を説いているのです。死んでから極楽へ行けるとか、悟りを開けば家内が安全になるとか、商売が繁盛するとかいうのです。

ある宗派では死んでもすぐに生まれてくると言います。すぐに生まれてくるというのが間違っているのです。この世に生まれて人間は何をしているのかというと、自分の欲望を果たすために生きているのです。ただ欲のために生きているだけです。これが間違っているのです。

この世に生まれてきたということが、欲の中へ入り込んできたことです。だから、欲望生活を追求する者は、この世へ何回でも生まれてきたいと思うでしょう。ところが、欲望生活を追求することは、本人の魂が泥まみれになることでありまして、皆様が現世に肉体的に生きていても、何の価値もないのです。

現世の人間の感覚は五蘊であって、五蘊が一切空だというのが般若心経の思想です。この点が釈尊の悟りに近いのです。だから、釈尊の悟りに一番近いのが般若心経になるのです。これは宗教ではないと言えるのです。

これ以外の経典は阿弥陀経であろうと、三部経でも涅槃経でも、法華経でも全部宗教です。これは釈尊の悟りではないからです。釈尊の悟りにつけ加えて、色々個人の思想を説いているのです。だから、経文の一番最初には、如是我聞と必ず書いているのです。

私はこのように聞いたということを、経文の初めに必ず書いています。これは釈尊の思想ではないという証拠です。従って仏教を信じても、釈尊を信じたことにはならないのです。これは良いとか悪いとかということではない。仏教はそれぞれの宗派、宗門のお祖師さんの思想です。仏法本来の面目は釈尊の悟りです。

仏教は生きている人間を対象にして、死んでから極楽へ行くということを目的にしているのです。ところが、釈尊の悟りは人間が現世に生きていることが本質的に空だと言っているのです。

空だということが日本の仏教では説明ができないのです。空の本体は何であるのか。禅宗のある一派では空は空っぽだと言います。またある一派では、空っぽではない、何かある。そこにすばらしい大きいものがあるという人もいます。空の実体が分からないのです。これが日本の仏教の大欠点です。

仏という意味が分からないのです。例えば、遍照金剛、大日如来という教えは東大寺の教えです。地球全体を支配するような大きい知恵と力がある。そういう方の光が全体に輝きわたっている。これが遍照金剛です。

太陽のようなものが仏さんだと考える。真言宗の考え方はこれに近いのです。太陽のように大きい仏さんとはどういうものか。誰がそれを認めたのか。太陽のような仏さんがあるとして、その仏さんがあるに違いないという証拠はどこにあるのか。こういうことになるとさっぱり説明ができないのです。

現在の世界の歴史と仏さんとどういう関係があるのか。これが分からないのです。日本の仏教にはこういう根本的な弱点があるのです。

日本の国で育ったお祖師さんたちは、日本の国のことしか知らなかったのです。だから、西欧社会がどうであるのか、アフリカの人々の思想はどういうものであるのか、こういうことは日本の仏教では全然説明ができないのです。

もし本当に遍照金剛であり、大日如来であるなら、全世界のことが悉く説明できなければならないのです。それができないのです。だから、仏教は東洋の一部だけに通用する宗教になるのです。全世界的な真理ではないのです。

日本の仏教は人間が造った宗教であり、人間が造った仏さんであって、本当の仏さんではないのです。釈尊が言っていたのはそんなものとは違うのです。

真理の本質は命の本質から出ているのです。ところが、日本人は命が分からないのです。命の本質がどういうことなのか分からないのです。

これが道です。この道が徳に繋がるのです。これが道徳です。道徳という言葉はありますが、道徳の根本原理が日本人の世界観では説明ができないのです。

大学が教えているのは現世の生活で通用する理念です。現在の人間生活を認めて、人間生活において通用する理念を学問とか学理と言っているのです。人間存在の命の本質に関することは考えていないのです。学校の先生が分からない。文部科学省の役人が分からないのです。

仏というのは何か。「仏とは　誰が言いにけん玉の緒の　糸のもつれを　解くなりけり」という道歌があります。こういうことが今の日本の仏教では分からないのです。

玉の緒の糸のもつれとありますが、人間の思想はこんがらがっているのです。玉の緒というのは人間が生きている状態を指すのですが、これがこんがらがって分からなくなっているのです。何をどう考えたらいいのか分からないので、その糸のもつれを解くのです。これが仏です。

人間が生きていることを認めますと、さっぱり人間の本質の説明ができなくなるのです。

親鸞は歎異抄の中で、自分はどのような行をしてもとてもだめな人間だと言っているのです。地獄一定の体である。地獄へ行くに決まっている。だから、私の先生の法然さんが阿弥陀如来を信じて念仏を申すなら、死んだ時にお迎えに来てくれると言われたので、私はそれを信じるしかないと正直に言っています。

親鸞はこういう人です。自分の命が分からなかったのです。従って、親鸞はセックスのことが全然説明できなかったのです。親鸞はセックスのことで困ったのです。困って困って、困り抜いたのです。セックスの謎が解けなかったのです。それで自分は業《ごう》が深い人間だと考えたのです。

自分のセックスに勝てない人間は、地獄に行くに決まっていると考えた。だから、ただ仏さんにおすがりして、無理やりに極楽へ入れてもらうしかないと考えた。これが親鸞の本音です。

これが宗教です。セックスの意味が分からないのです。皆様もお分かりにならないでしょう。セックスの根本命題を説くということは、今の日本の社会ではできません。宗教ではない聖書を見たら分かるのです。キリスト教ではない聖書を学べば、セックスの本体がはっきり分かります。これ以外の方法ではセックスの本体を掴まえる道はありません。

欧米人にはセックスが全然分からないのです。これが間違っているのですから、人生が根本から間違っているのです。

人生の中でセックスが一番大きいテーマですが、これが分からないのです。仏さんはセックスをどのように見ていたのか。これが分からないのです。

宗教というものは現世に生きている人間をごまかして、ご利益みたいなものを感じさせて商売にしている。これが宗教です。

仏教以外の宗派神道はたくさんありますが、皆商売をしているのです。現世の人間を相手にしてご利益を説いているだけです。これはどこまでも宗教であって真理ではないのです。

現世の人間は死んでいく命を自分の命だと思い込んでいるのです。死んでいくに決まっている命を自分の命だと思い込んでいる。この点だけを考えても、現在の人間の根本的な思想が間違っていることが分かるのです。

般若心経の五蘊皆空というのは、非常に正確な思想です。しかし、現在の日本人は一人も信じていません。般若心経を読んでいますが信じていないのです。

人間は命の本体を知らなければいけないのです。命の本体を知るためには、イエスが死を破ったということを勉強する以外にありません。だから、神主さんでもお坊さんでも、聖書の勉強をしなければいけないのです。

聖書は万人に冠絶した光です。命の光であって、お坊さんでも神主さんでも、命の光を知らない者は死んでいくに決まっているのです。学校の先生でも、お坊さんも神主さんも商売ですから、商売として割り切ってしたらいいのです。宗教も学問も現世における指導的な商売です。商売と割り切ってしたらいいのです。

私のようなことを学校で言ったら、学校から追放されるでしょう。だから、皆様は給料を取れるようにしたらいいのです。

8. 彼岸へ行くために

向こう岸とはどういうものかと言いますと、海の向こうにある岸です。普通の人間が住んでいるのはこちらの陸です。陸の外は海になっています。海の向こうにまた陸があるという思想です。

昔の人の考えでは、陸があって陸の果てに海がある。海の果ては恐ろしい滝になっている。その下には地獄があると考えたのです。

今の日本は陸ですが、陸の果てには海がある。海の果てには滝があって海の水が落ちている。その向こうにもう一つの陸地があると考えた。これが彼岸です。

彼岸へ渡るというのは死なない命を見つけることを言うのです。死なない命を見つけるための上智を般若と言うのです。この般若を用いて向こう岸へ渡るのです。これを般若波羅蜜多と言うのです。

皆様は今生きています。生きているというのはこちら側の岸にいるのです。これは第一の岸です。向こう岸は第二の岸です。第一の岸から第二の岸へ渡ることが般若波羅蜜多です。

海とは何かと言いますと、空じてしまうことです。第一の岸で生きている者が一度自分自身を空じてしまうのです。自分自身を空じてしまえば、彼岸に行くことができる。これを言っているのです。

第一の岸にいるままの状態で生きていると、必ず死んでしまうのです。そこで海を渡るのです。海を渡って向こう岸へ行けば、死なない陸地を見つけることができるのです。これが釈尊の悟りです。これが本当の仏法です。

仏法は仏教ではありません。仏法は悟りを開く道のことです。

仏教というのは日蓮とか、親鸞とか、弘法大師、伝教大師とか法然、道元というような人がいて、これらの人々がお釈迦さんを信じて、釈尊の悟りを勉強して、自分が釈尊の真似をして自分の解釈を提示した。これが仏教になったのです。

道元と親鸞とでは全然考え方が違います。道元は自分自身を空じること、仏の子になることを悟りだと考えたのです。親鸞は阿弥陀如来を信じること、阿弥陀如来の名号を念仏することが般若波羅蜜多になると考えたのです。般若波羅蜜多でも、道元と親鸞とでは考え方が違っているのです。

こういうことを突きつめて考えていきますと、禅宗で考えている自力というものと、浄土真宗で考えている他力というものとが同じになるのです。同じことを両面から言っているのです。左から見た場合と右から見た場合とでは、景色が違うことになるのです。

景色が違うのです。右から見た方を他力と言い、左から見た方を自力と言うのです。これが仏教でありまして、釈尊は空ということだけを教えたのです。

他力でも自力でもない本当の空という教えは日本にはないのです。日本にあるのは、他力か自力かのどちらかになっているのです。

自力、他力という言葉を使わない宗派もあります。真言宗では自力、他力という言葉を使いませんが、やはり他力という感じが強いのです。

しかし純粋な釈尊の悟りは、日本にはありません。釈尊の悟りは第一の岸にいれば人間は皆死んでしまうから、こちら岸を出て、海に行きなさいと言っているのです。まず海に行くのです。此岸を離れて船で海へ行くことが空です。

ここまで釈尊は教えたのですが、海の向こうに陸地があるが、どういう陸地かということをはっきり教えることをしなかったのです。

向こう側に陸地があるということは言っていますけれど、どういう陸地があるのかということを、はっきり言っていないのです。

観無量寿経は極楽浄土をにぎにぎしく書いています。迦陵頻伽《がりょうびんが》が飛んでいる。上半身は人で下半身が鳥である共命鳥と共に住んでいる。春、夏、秋、冬も、四季折々のすばらしい花が咲いているということを、観無量寿経に書いているのです。

観無量寿経、大無量寿経、阿弥陀経の三つを三部経と言いますが、観無量寿経というのは造り事ではあるが、本当ではないという専門家がいるのです。大無量寿経と阿弥陀経の二つを勉強することが中心であることを他力宗では考えているのです。

しかし、向こう岸とはどういうものなのか、どこにあるのかを教えていないのです。想像でものを言っているのです。人間の想像でものを言うことが宗教です。

ところが皆様の魂には、死なねばならないことが分かっていながら、死にたくないという本心があるのです。

死なねばならないことが分かっていながら、死にたくないという気持ちがはっきりあるのです。死にたくないという気持ちがあることが、皆様方の心の中に彼岸があることを示しているのです。

死にたくないというのは彼岸のことです。彼岸に行きたいという気持ちです。彼岸は死なない国です。此岸は死ぬに決まっている国です。

死ぬに決まっている国に現在皆様はいますが、死なない国に行きたいというのが、皆様の本心、本願です。皆様は今死ぬに決まっている国にいますから、一度海を渡らなければ死なない国にたどり着かないのです。

日本から中国へ行こうと思えば、海を越えなければ行けないのです。中国へ行きたければ、海を渡ることがどうしても必要です。般若心経はこのことを皆様に言っているのです。海へ行かなければ向こう岸へ渡れませんよと言っているのです。

ところが、皆様は彼岸へ行くことが難しい難しいと言われるのです。難しい難しいと言われるのは、此岸にいるままの状態で彼岸へ行きたいと考えているからです。これは無理です。

日本は日本です。中国は中国です。言葉も習慣も伝統も違います。国そのものが違うのです。

日本のことがそのまま中国でも通用すると考えることが間違っているのです。

死ぬべき命と死なない命とでは、根本的に違うことになるのです。これを皆様にお話ししたいと思っているのですが、これは宗教ではないのです。

皆様が現在住んでいる陸地は、現代文明という陸地です。文明という陸地に住んでいるのです。文明という陸地は、人間が造った理屈が通用する国です。人間が造った学問が通用する国です。

人間が造った学問、人間が造った理屈は、文明でしか通用しないのです。皆様の息が切れてしまい、目が白くなってしまいますと、そういうものは一切通用しなくなるのです。

彼岸は文明が通用しない所です。彼岸は人間が造った世界とは違うのです。神が造った世界、神本位の世界です。此岸は人間本位の世界です。人間本位の世界から神本位の世界へ行くのです。

神本位というのは嘘も理屈も一切ない世界です。人間がいる世界では理屈は通用しますが、神の世界には理屈は通用しません。事実だけしか通用しないのです。

神の国では事実、真実だけが通用するのです。人間の世界では自分の意見や世間の理屈が通用するのです。ところが、神の国では真実だけしか通用しないのです。

本当の真実を知ろうと思いますと、一度皆様の頭から人間の理屈を追い出してしまわなければならないのです。これが般若心経の功徳です。五蘊皆空、色即是空という、人間の頭の中から理屈を追い出すというすばらしい功徳があるのですが、人間にとって空を悟るということは、何か恐ろしい気がするのです。

この世に生きている人間が考えますと、自分自身を空じてしまうこと、自分の思いを捨てることは、非常に難しく危険で恐ろしい気がするのです。

般若心経を読んでいる人でも、本当に空が実行できる人はめったにいません。空というのは理屈が分かっただけではだめです。実行しないといけないのです。

目の前にどんなにおいしそうなご馳走が並んでいても、食べなければ本当に自分のものにはなりません。ご馳走を眺めただけではお腹はふくれないのです。

般若心経の理屈というのは、いくら承知しても、自分自身が色即是空を実行しなければ、本当の空は分かりません。般若心経の説明を書いている本はたくさんあります。何百冊もあるでしょう。それは仏教で飯を食べている人、そういう立場の人が書いているのであって、皆嘘を書いているのです。

理屈の説明だけをしているのです。色即是空は目に見えるものは空だという説明をしているのです。こんなことは言われなくても、文字をよく見たら分かるのです。

色は現象している物質です。目に見える森羅万象です。これは本当はないというのが色即是空です。理屈の説明はわざわざ人に言われなくても分かるのです。

ところが、問題は自分自身が現在生きているということで、本当に空っぽの気持ちになれるかどうかです。これが仏教ではできないのです。

仏教で色即是空を本当に考えますと、寺があることが空になるのです。衣を着て金襴の袈裟をかけていることが空になるのです。五重の塔を建てるとか、立派な金堂を建てるということが空になるのです。

寺の建築ということが空になるのです。ところが、現在の日本の仏教では、立派な寺を建てることを大変奨励しているのです。

皆様は写経をして千円をつけて寺へ送ると功徳があると言われて送ります。送りたい人は送ってもよろしいのですが、そんなことをしても千円損をするだけです。功徳があるかというと一つもないのです。

今の宗教はただの宗教です。どんな宗派でも、どんな宗教でも、すべて宗教は人間が造った理屈です。この世では通用するでしょう。この世には神社仏閣がありますから、宗教は通用しますが、この世を去ったら一切通用しないのです。

こんな分かりきったことがどうして日本人に分からないのかと言いたいのです。日本人は宗教の教えは死んでからでも通用すると思っているのです。仏教でいう極楽へ行ける、キリスト教で天国へ行けるということが、死んでからでも通用すると思うから、たくさんの人が信じているのです。死んでから通用しないのなら、信じる人はいないはずです。

釈尊の悟りはそういう嘘を一切言いません。釈尊の悟りは生きている人間の考えは、全部空だと言っているのです。これは本当です。

人間はやがて死ぬに決まっています。死ぬに決まっている人間が考えることは、空に決まっているのです。これは分かりきったことです。釈尊に言われなくても、誰でも分かることです。簡単で当たり前のことです。

般若心経は死んでしまうに決まっている人間の考えは、全部空だと言っているのです。これをはっきり言いますと、商売にはならないのです。寺が空なら何のために寺があるのかとなるのです。寺へ行かなくても家にいても空だと思えばいいのです。寺は一切必要がなくなるのです。

般若心経は今皆様が住んでいる世界から海へ行くことを勧めているのです。今住んでいる所から海へ行くことが空です。

ところが、皆様は海へ行くことを嫌っているのです。この世にいるままの状態で彼岸へ行きたいと考えるのです。これは全くできないことをしているのです。そういう欲深いことを考えるから、宗教に騙されるのです。

この世にいるままの状態で彼岸へ行けると盛んに言うのが宗教です。これは嘘です。宗教は嘘であると私が言う理由はここにあるのです。

この世にいる人はまず海へ行かなければならない。これを承知して頂きたいのです。海へ行くとはどうすることか。今までの自分の考え方、常識、知識が間違っていることを悟るのです。

死んでしまう命を命だと思っているからです。これはこの世の命です。

この世の命と本当の命とは違うのです。この世の命を握ったままで本当の命を知ろうと思っても、これは無理なことです。

例えば皆様は靴をはいています。この上にもう一足はこうとしてもできないのです。靴下だけならその上に靴がはけるのです。靴をはいていて、その上にもう一足はくということは、絶対にできないのです。皆様はできないことをしようとしているのです。

そこで、今はいている靴を脱ぐのです。そうして、新しい靴をはき直すのです。これをして頂きたいのです。

現世の陸地から海へ行くことは、死んでしまうことではないのです。そこで息が止まるまでに、目が黒い間に、この世の精神が働いているままの状態で、空を自分の中へ持ってくるのです。または、自分自身が空の中へ入ってしまうのです。

空は人間の本当の命の持ち味です。皆様の目が見えることは当たり前のように思いますが、実は目が見えるということはとても不思議なことです。

目が見えないピアニストの辻井伸行さんが、世界中で大活躍しています。全盲でありながら、すばらしいピアノの演奏をしているのです。この辻井伸行さんがインタビューで、「今一番したいことは何ですか」と聞かれたので、「たった一日でいいから、目が見えるようにしてもらいたい。お母さんの顔をしっかりと見たいです」と答えたのです。

健常者にとっては目が見えることは当たり前です。しかし辻井さんは目が見えない。一生の間にたった一日でいいから見えるようにしてもらいたい。この一言は目が見えるいうことがどれほどすばらしいことかを示しているのです。

皆様は自分の力で目を造ったのではありません。自分の耳を自分で造った覚えもありません。ところが、目の力、耳の力が皆様に備わっているのです。これが先天性の命です。先天性の命とは五官のことです。これが死なない命です。

皆様が生まれる前に、皆様に五官が与えられた。それを持ってこの世に生まれてきたのですが、この世に生まれてから物心がついてしまって、この世の常識、知識が当たり前だというように考え込まされてしまったのです。これが人間の迷いです。

この世に生まれてから、皆様は迷いの中へ引きずり込まれたのです。この世に生まれてから後に持たされた迷いの気持ちが自分を盲目にしているのです。自分の気持ち、自分の思いが自分を盲目にしているのです。

自分を盲目にしている自分の思いを捨ててしまうことが、海に行くことです。般若心経の空は海へ出ることです。キリスト教ではない聖書は向こう岸へたどり着くことです。

海へ出ることと、向こう岸へたどり着くことの二つがどうしても必要です。これは宗教ではない本当の事実でありまして、文明を信じてはならないのです。

自分自身が空になると言いますと、何か難しいもののように思いますけれど、簡単に言いますと、自分の考えを棚上げするという意味になるのです。ただ棚上げしたらいいのです。

自分で自分の気持ちを無くしてしまおうとしますと、できないのです。棚上げすることならできるのです。一時考えないことにするのです。今までの自分の気持ちを、一時考えないことにするのです。

これは何でもないのです。自分の気持ちを持ったままで般若心経を知ろうと思っても、文字は読めてもその意味が分からないのです。そこで、自分の気持ちを一時棚上げしようと決心をするのです。

これだけでも相当勇気がいりますが、これは言葉を変えて言いますと、謙虚になることです。自分はまだ分かっていないのだ、本当のことを知らねばならないという謙虚な気持ちになるのです。これが棚上げするというやり方の一つの方法になるのです。

これは難しいことではありません。自分の考えを自分で問題にしない。自分の気持ちを自分で問題にしないのです。海を渡らなければ向こう岸へ行けないのですから、どうしても実行して頂きたいのです。

死んでしまうことを思えば、一時自分の気持ちを棚上げするくらいのことはできるのです。

9. 仏教と仏法の違い

般若心経に遠離一切顛倒夢想、究竟涅槃という言葉があります。遠離一切顛倒夢想というのは、人間が現世で考えていることはすべて逆立ちしたような考えになっているということです。頭と尻尾が反対になっているのです。逆立ちして歩いているような考え方をしていると言っているのです。これが顛倒夢想ということです。

顛倒というのは逆立ちの状態を意味するのです。今皆様は生きていると思っていますが、実は生きているのではなくて、死んでいるのです。

なぜかと言いますと、皆様は肉体的には生きていますけれど、命を知らないのです。命とは何であるかということについて、はっきりした答えができないのです。

生きるという言葉は息するという言葉から出てきているのです。生きるというのは息することです。

息とは何であるかと言いますと、鼻から息を出し入れしていることですが、旧約聖書の創世記を見ますと、神が「人間に命の息を鼻に吹き入れられた」という言葉があるのです（創世記2・7）。

息というのは神の実物を意味するのです。皆様が鼻から息を出し入れしているということは、神の実物が皆様に吹き入れられた。それが皆様と一緒に働いているということです。この神は日本の神とは違います。日本の神は八百万の神でありまして、これは好きなだけ造ることができるのです。乃木希典が乃木神社になったように、また藤原鎌足が談山神社になったり、菅原道真が天神さんになったりしているのです。

このように日本の神さんはいくらでも造れるのです。ところが、菅原道真は人間に命の息を与えることはできないのです。本当の神ではないからです。本当の神とは何か。宇宙の命の力、宇宙の命を司っているのが真の神です。

聖書に神と訳していますが、この訳し方は間違っているのです。日本語で神と訳したらいけないのです。一般的に広く用いられていますので、今さら訳し直す訳にはいかないのです。

明治時代に英語のゴッド（God）を神と訳したのですが、この訳は間違っていたのです。今さらこれを変更することができませんので、私もやむを得ず神という言葉を使いますけれど、日本の神とは全然違うのです。

皆様が鼻から息を出し入れしていることが神です。これが今の人間には全然分からないのです。なぜ分からないのかと言いますと、人間がこの世に生まれてきた因縁が全然分かっていないからです。

生きていながら命の因縁が分からないというのは、精神的には死んでいる状態です。人間の意識の状態が間違っているのです。これを無明煩悩というのです。そこで、無明煩悩を捨てて、今までの皆様の考えを捨てて、新しい気持ちになって無に帰るのです。

自分の常識を捨てて、新しい気持ちになること、白紙になって自分の人生を考えることが、無に帰ることです。

人間は自分の思いによって自分が不幸になっているのです。本当に幸福になりたいと思ったら、自分の思いを捨てたらいいのです。そうしたら神が分かるのです。神が分かれば命が分かる。命が分かれば死ななくなるのです。

ご年配のお方はよく聞いて頂きたいのですが、命が分かれば死ななくなるのです。神が分かれば死ななくなるのです。

神は命の本体です。皆様が鼻から息を出し入れしている力、心臓を動かしているという力の本体が分かれば、皆様は死ななくなるのです。

これが分かるためには、まず自分の思いを捨てなければいけないのです。究竟涅槃を実行するのです。究竟涅槃というのは自分の思いが消えてしまって新しくなることです。

涅槃というのは消えてしまうことです。人間自身の気持ちが消えてしまうことを究竟するのです。究竟するというのは突き止める、極め尽くすことです。涅槃を極め尽くすのです。無に帰ることを極め尽くすのです。これが般若心経の目的になるのです。

遠離一切顛倒夢想、究竟涅槃が般若心経の目的になるのです。

10. 観自在菩薩は何を見たのか

般若心経の冒頭に、観自在菩薩行深般若波羅蜜多時とあります。この観自在は何を見たのかということです。

自在を見たのです。自在の自というのは初めからという意味です。在はあるということです。初めから在ったということです。

自一月一日、日記を始めるとしますと、一月一日からが自です。ある根本がありまして、根本から始まったという意味のからです。

観というのは見ること、感じること、見極めることです。見極めて自分のものにすることが観です。

観自在とは何かと言いますと、自とは初めからです。在とはあったことです。存在の在です。初めからあったものを見たのです。初めからあったことを見たのであって、観自在菩薩が大変な秘密を見たのではないのです。

当たり前のことに気が付いたというだけのことです。観自在菩行深般若波羅蜜多とありますが、観自在が生きている状態が勝手に般若波羅蜜多になったのです。あるいは初めからあることを行じていることに、気が付いていたという意味です。

般若波羅蜜多を行じていることに気が付いたのです。観音さんは自分が生きていることに気が付いたのです。これが観自在です。

自分が生きていることに気が付いたのです。本当の悟りというのは、気が付くことです。気が付くことが悟りです。皆様が生きていることの中には、般若波羅蜜多があるから生きていられるのです。般若波羅蜜多がないものは、絶対に生きるということができないのです。

皆様はいのちがあるから生きていられるのです。いのちとは何なのか。これが初めからあったものです。いのちが初めからなかったら、皆様が今ここに生きているという事実がないのです。

地球が自転公転しているのは、いのちです。地球ができる前にいのちがあったのです。それが地球という格好で現われたのです。

皆様が生まれる前にいのちがあった。皆様の取り分だけのいのちがあったのです。それが皆様という格好でこの世に現われたのです。これに気が付けば死ななくなるのです。

生まれる前にいのちがあった。いのちはだいたい死なないものです。死ぬものはいのちとは言いません。

本当のいのちというものは死なないものです。死なないものが本当のいのちです。生《せい》というのが本当のいのちです。命《めい》は人間が現世に生きているいのちです。

皆様が現在肉体的に生きている状態が命《めい》です。運命とか天命、寿命というのは命です。これは人間が現象的に生きているといういのちであって、いのちの本質を意味するものではありません。

皆様が生きていることがいのちでありまして、生きているということを突きつめて考えると生になるのです。皆様が生きていることの本物を掴まえることができたら死なないのです。

死ぬと考えている人、死ななければならないと考えている人は、自分の業《ごう》によって束縛されているのです。業とは何かというと肉の思いです。人間は肉の思いがあるから死ぬと思い込まされているのです。

業とは、四つの苦しみです。四苦八苦の四苦です。四苦というのが人間の業です。皆様が現世に肉体的に生きているということは業です。

業はカルマでありまして、皆様が肉体的に生きていることが業です。肉体的に生きているということにこだわっている気持ちでは、本当のことは分かりません。

自分には家族がいるとか、こういう仕事をしているとか、自分は五十歳であるとか、日本人であるということにこだわっている感覚では、自在を観じることはできないのです。

自在というのは初めからあるいのちです。これを見たらいいのです。観音さんは見たのです。観音さんはこれを見たけれども、世界歴史の実体に当てはめて話をすることができなかったのです。

観自在というのは大乗仏教が造った人格です。龍樹が造った抽象人格です。人間の悟りを人格化する状態で言いますと、観自在、または観世音になるのです。これは人間の悟りの状態、般若波羅蜜多の状態を名前のような形で呼んだのです。これが観自在です。観自在という人間がいたのではないのです。

人間が悟っているその気持ちの状態を抽象人格として呼んでいるのです。

初めからあるいのちは死なないいのちです。皆様はこの世に生まれてきたので死ぬことになったのです。そこで、この世に生まれてきたということを空じるのです。この世に生まれてきたという気持ちを捨ててしまうのです。そうすると、初めからのいのちがはっと分かるのです。これが本当のいのちを悟ることです。そこで死ななくなるのです。

死なない命と簡単に言いますが、そんなことは本当かなぁ、そんなことはあるはずがないと思われるでしょう。生老病死にこだわっているからそう言いたくなるのです。

皆様は今固有名詞を持って現世に生きています。現世に生きているという気持ちにこだわらないで頂きたい。

人間はいのちがあったから、現世に生まれてきたのです。そこで、生まれてきたということにこだわっていますと、やがて死ななければならないことになりますが、自分が生まれる前のいのちを見つけてください。そうすると死なない命が分かるのです。

生まれる前のいのちを見つけることができましたら、死なない命が分かるのです。

現在の物理次元の地球は必ず壊れてなくなります。いつか人間が一人も住めない状態になるのです。やがて地球そのものが解体してしまうでしょう。

生あるものは必ず死するのです。形あるものは必ず壊れてしまうのです。形があるものは必ず滅してしまうに決まっているのです。

人間が分かった、学問があると言うことができるのも、結局地球がある間です。こんな小さなことではなくて、地球ができる前の地球、自分ができる前の自分を見つけたらいいのです。

現在、本当の命が地球に現われているのです。地球そのものが生物です。地球は生きているのです。だから、地震があったり、台風があったりするのです。

今の地球ができる前に地球があったのです。これを見つけたらなくならない地球が分かるのです。このことを新約聖書は神の国と言っています。神の国と神の義を求めよという言い方をしているのです。

イエスは神の国が分かったのです。だから、死んだけれども復活した。死を破ったのです。死を破ることはできるのです。

死を乗り越えることはできるのです。日曜日はイエスが復活した記念日です。このことをよく考えて頂きたいのです。

般若心経を難しい難しいと言わないで、毛嫌いしないで、勉強してみようという素朴な気持ちになって頂きたいのです。

観音さんに分かったことが皆様に分からないはずがありません。観音さんはごく普通のありきたりの人間です。世間並の人間です。観音さんに分かったことが皆様に分からないはずがないのです。

現世に生きている人間は例外なく生老病死に捉われているのです。生とは今生きている状態、または条件です。だんだん年をとって、病気になって死んでいくと考えている。現世に生きている自分を基準にして考えているのです。これが人間の業《ごう》になっているのです。

人間はこの業に押さえ込まれているのです。肉体の他に魂があるのです。魂というのは五官が働いている状態を指すのです。五官は肉体的でなければ働かないのです。肉体的に五官が働いている状態が魂です。

なぜ働いているのかというと、肉の本質が働いているのです。皆様が生まれる前のいのちが、生といういのちが魂になっているのです。生まれる前のいのちが今皆様に魂として現われて、今魂として働いているのです。

魂はこの世に生きるために生まれてきたのではないのです。この世で生活するために生まれてきたのではありません。生まれる前のいのちを悟るために生まれてきたのです。生まれる前のいのちを悟るか悟らないか、ただこのために生まれてきたのです。いのちの本物を掴まえることができるかできないか、命の本物を見つけて掴まえることが、皆様の人生全体の目的です。

生活することが目的ではありません。いのちを見極めることが目的です。いのちを見極めなかったら死んでしまうのです。だから、難しいと言っていられないのです。

生活だけをしていたら必ず死ぬのです。現世でどれほど商売的に成功しても、どんなに地位や財産を築いてみても、現世の人間は死ぬに決まっているのです。

生老病死という言葉に押さえ込まれているのですから、現世に生きていてもしかたがないのです。死ぬに決まっているのですから、この人生に見切りをつけて、なぜ般若波羅蜜多の気持ちにならないのかと言いたいのです。

日本人はあまり運の良くない民族です。これは日本人だけではない、アメリカ人でもイギリス人でもドイツ人でも同じです。ユダヤ人以外の人間は皆、運が良くない民族です。

11. 観自在と観世音

般若心経の悟りは、一番最初に書かれていますように、観自在菩薩　行深般若波羅蜜多ということですが、これは人間の悟りではなくて、観自在菩薩の悟りであるとなっています。観自在菩薩というのは観世音菩薩と同じです。サンスクリットの原語を訳した人によって、訳し方が違っているのです。孫悟空の三蔵法師の玄奘が訳しますと、観自在になるのです。鳩摩羅什が訳しますと、観世音になります。どちらも同じことです。

人間は、観目在すること、観世音するためにこの世へ来たのです。観世音というのはこの世の音を見るということです。世音というのは世の中の音です。観自在というのは「おのずから」あるのを見ることです。自というのは、「おのずから」と読んでいただきたいのです。「みずから」と読むと、自分があるという意味になるのです。

自在とは自分があるのではなくて、「おのずから」があるという意味です。「おのずから」というのは、天然の命ということです。皆様が生きているのは、自分が生きているのではなくて、天然自然の命が皆様という形になって現われているのです。天然自然の命とは、死なない命のことです。この命を見ることが観自在です。

五蘊皆空とは、世の中の人間の考えはすべて五蘊であり、それが空であると言っているのです。

例えば、地球があるように見えますが、地球があるのではなくて、地球を形造っている五蘊があるということになるのです。現在、人間が生きているように思いますが、人間がいるのではなくて五蘊が人間の格好になっているのだと言っているのです。

しかし、五蘊という変なものが、なぜ地球となって存在しているのか、なぜ自分自身がこの世へ生まれてきたのかという根本原理が般若心経には書いていません。なぜ皆様がこの世へ生まれてきたかという人生の根本目的が、般若心経には書いていないのです。仏典全体を調べても、人間が生まれた目的は、おそらく書いていないでしょう。

観自在になること、観世音することです。観世音というのは固有名詞ではなくて、動詞というように考えていただきたい。つまり観世音するのです。料理をするように、仕事をするように観世音するのです。

皆様がこの世に生まれてきたことについて、自分自身がこの世に生きている状態を見極めるのです。これが観世音です。そうしますと、初めて神を信じるという意味が分かってきます。神を信じるとは命を信じることです。

皆様の目が見えているのは、命のおかげです。皆様が見ているのではありません。命が皆様にあるから見えるのです。そこで、命が肉体に働いていることの有り難さをよく知っていただきたいのです。そうすれば死ななくなります。イエスが復活したように、皆様も死を破ることはできるのです。

本当に神を信じるためには、人間の常識的な妄念を捨ててしまわなければだめです。そこで、般若心経がどうしてもいるのです。

世間のキリスト教も、仏教も皆間違っています。間違えるつもりはないでしょうけれども、自然にそうなってしまうのです。なぜそうなるのかと言いますと、宗教は現世に生きている人間を喜ばすためにあるのです。ところが、この世に生きている人間は妄念、五蘊の塊です。この人間を喜ばそうとしているのです。

観自在が本当です。観世音が本当です。観世音でない人間がいくら救われても、また、仏国浄土へ行きましても、成仏しません。例えば、皆様が仏国浄土へ行っても、浄土の方で困ります。偉い人が来たということで成仏させるわけにいかず、地獄へ追い返すわけにもいかず、仏国浄土へ置いておくわけにもいかず、しようがないからもう一回やり直せということになってくれれば有難いのですが、そうはいかないのです。仏国浄土を軽んじた罪がまた重なるのであって、本当の他力本願はそんな甘いものではないのです。今の寺で言っているような甘いものではありません。

皆様は、今の仏教はたよりないものだと思っているでしょう。そのとおりです。信じてもだめです。宗教は人間の煩悩に迎合しているのです。

私たちは本当の勉強をしたいと思わなければいけないのです。そんな難しいことはできないとおっしゃるかもしれませんが、死ぬことを思えば何でもないのです。死ぬことを思えば、多少の難しさも我慢をしていただきたいのです。放っておけば人間は死んでしまうのですから、もっと真面目に考えていただきたいのです。

イエス・キリストが死を破ったのは歴史的事実です。この歴史的事実を勉強すればいいのです。これは、地球が回っていることの意味を勉強するのと同じくらいやさしいのです。やる気があれば誰でもできるのです。

三蔵法師玄奘の訳ですと、観自在となっています。鳩摩羅什の訳ですと、観世音になります。これは同じことであって、観自在とは自在を見ることです。観世音は世音を見るのです。音を見るのです。音は見えないものですが、これを見るのです。

白隠禅師は、人間がもし愛憎煩悩から去ってしまえば、誰でも観世音菩薩になれると言っている。そのように、もし人間が愛憎の今を去って煩悩を解脱すれば、完全と言えるのです。世音とは世の音です。人間は現世に生きている以上は、それぞれ自分なりの考えを持っているのです。現在の政治をどう思うとか、経済をどう思うとか、それぞれの意見を持っています。これは世音を見ているのです。

観世音とは、この世の中ができている実相、真相を見ることです。人間が生きているのは、世の中で生きています。商売をしても、仕事をしても、世音と世音の中で生きているのです。その時、その時に、世音を見ているし、また感じているのです。生活のためにそうしているのです。ところが般若心経になりますと、生活のためにそうするのではなくて、命のために世音を見ることになります。

人間がこの世に生きているのは、大きな意味があるに決まっています。この世に生まれてきた目的がなければならないに決まっているのです。今の日本人はそういう目的を持たないで、ただ生活のために生きている。ほとんど全部の人がそういう考えをしているのです。政治家ならそれでいいかもしれませんが、人間として生きている以上、自分の人生について責任を持たねばならないのです。

人間がこの世に生まれてきたことが、業《ごう》です。これがうるさいのです。業が世音になって見えるのです。親から受け継いだ業、社会の業、学校の業、何でも生きていると業がついて回るのです。若い人は若いように、年寄りの人は年寄りのように業がついて回るのです。

この業を見極めて、その主体は何であるかを見破って、業を果たしてしまわなければ、死んでしまうことになるのです。死ぬのは仕方がない。どうせ人間は死ぬのだからと簡単に言いますけれど、死ということが本当に分からないから、すましておれるのです。

本当の観世音になりますと、業の正体が分かるのです。死の正体がはっきり分かるのです。そうすると、死ななくなるのです。死ななくなる所まで世音を見破ってしまう。世音を看破してしまうのです。そうすると、死なない人間になってしまう。これが本当の観音さんです。

自分の世音を見破ってしまいますと、人間の愛憎煩悩が消えてしまうのです。そうして、愛憎煩悩の向こうへ出てしまうのです。これが般若波羅蜜多です。般若波羅蜜多になりますと死ななくなるのです。死ぬのは仕方がないと言いながら、死ぬのはいやに決まっています。いやならいやと、はっきり考えるのです。そうすると、死ななくてもいい方法が、見つかる可能性が出てくるのです。

死にたくないのに死ななければならないのは、殺されるということです。日本中の人間、もっと広く言えば世界中の人間は皆、殺されるのです。人間の業に殺されるのです。死ぬのは人間の業です。これを突破することはできるのです。観世音はこれをしたのです。その方法が般若心経に出ているのです。照見五蘊皆空　度一切苦厄とは、一切の苦厄を乗り越えてしまうことです。これが観世音菩薩の所行です。

観世音菩薩は悟りを開いた人の抽象人格です。観世音には誰でもなれるのです。そうすれば、死を乗り越えられるのです。五蘊皆空　度一切苦厄を実行すれば、死を乗り越えて、死なない人格になることができるのです。そんな難しいことはできないと思う人は、自分の今までの考えに束縛されているからです。

人間は、今までの経験につい束縛されてしまうような弱点があります。向こう岸へ渡ってしまえば、そういう弱点と関係がなくなるのです。向こう岸へ渡るとは、別の人間になってしまうことです。今まで生きていた人間が、本当の空を悟ることになりますと、別の人間になってしまうのです。

空とは、何もないからっぽとは違います。大きな実があるのです。空の実体は、宇宙生命の一大事実です。言葉を変えて言いますと、これが真の神です。空を見るとは神を見ることです。観世音を見るとは、神を見るのと同じことです。世音とは人間の業《ごう》であって、自分の業をはっきり見極めますと、自分ではない自分の姿が見えてくるのです。これが観自在です。

観自在とはどういうことか。自在とは自由自在のことで何ものにも捉われないことです。現在の地球に生まれてきた人間は、自由自在というわけにはいかないのです。地球以外に住む所はありません。例えば、男として生まれた人は、男でなければならないのです。女は女でなければならない。生年月日を変えることはできないのです。

そのように現世に生まれたということは、自在ではないことを意味するのです。地球ができた以上、人間は地球でなければ生きていられないようにできているのです。本当の自由自在があるとすれば、地球ができる前のことです。

地球ができる前には、時間もない、空間もない。従って、五十歳とか六十歳とかいう年齢もないのです。男もない、女もない、これが自在です。観自在とは地球ができる前の人間に帰るというすばらしい意味もあるのです。自在の自とは、初めからという意味です。初めとは、地球ができる前のことです。今の学者は、四十五億年前に地球ができたと言っていますが、それ以前には地球はなかったのです。従って、人間もいなかったのです。生まれる前の本当の人間の姿が、自在です。

この世に生まれて、この世の業の虜になって、男だ女だ、得した損したと言っているのは、自在ではないのです。そういうものに関係がない、生まれる前の状態が自在です。観自在というのは、生まれる前の自分を見るという雄大な思想です。

イエスはこれを見せてくれたのです。生まれる前の自分が、今ここにいると言ったのです。イエスは「よくよくあなたに言っておく。アブラハムの生まれる前から私はいる」と言ったのです（ヨハネによる福音書8・58）。アブラハムはイエスよりも二千年前にいた人です。イエスはアブラハムより前からいると言ったので、当時のユダヤ人たちは、イエスは気違いだと思ったのです。イエス・キリストは、観自在を文字どおり実行して見せたのです。

今までの勉強、経験にこだわらないで幼児時代の気持ちになって、淡々として物を考えるという気楽な人になれば、観自在が十分に分かるのです。五十歳とか七十歳という年齢はありません。あると思う方がどうかしているのです。何十年か生きている自分は、どこにも存在していないのです。摩訶般若波羅蜜多から見れば、そんな人間はいないのです。

禅の歌に「闇の世に鳴かぬからすの声聞けば、生まれる前の父ぞ恋しき」とあります。生まれる前の自分の魂の状態を見極めることが、本当の悟りであると言っています。禅にはこういう歌がありますが、この悟りはありません。しかし、観自在という人格は、なければならない人格です。観自在にならなければいけないのです。そうすると、自分が死ぬという因縁を乗り越えてしまうことができるのです。

業を果たすことはできるのです。業を果たさなければ必ず死んでしまいますから、死んでからが大変です。死んだらしまいと思うのは大間違いです。人間は本来、観自在になるために生まれてきたのです。ところが、商売人になったり、会社員になったり、学者になったり、弁護士になっている。そんなことのために私たちは生まれてきたのではありません。商売人や会社員になってもいいのですが、本職は自分の業を果たすことです。生活をするために、ちょっと働いてみようかというだけのことです。働きながら観世音の道を歩むのではなかったら、何もならないのです。

お金を儲けて楽しく生活しながら、観世音になるのです。これは難しいことではないのです。むしろ働くということは、立派な道場です。寺で座禅をするより働いている方が、よほど悟りやすいのです。汗水流して働く方がよほど功徳があるのです。

私たちは現世に生きるためではなくて、観自在になるために生まれてきたのです。その意味で、イエスが生きていた生き方は、大変参考になるのです。

釈尊は悟ったが、そのまま死んでしまいました。イエスは死ななかったのです。死を乗り越えたのです。日曜日は、イエスが復活した記念日です。イエスは、歴史的事実において死を乗り越えたのです。本当の観世音をしたのです。イエス観世音と言えるのです。千手観世音とか、十一面観世音がありますから、イエス観世音があってもおかしくはないのです。イエス観世音になったらいいのです。これは歴史的事実です。イエスが死を破ったことは、歴史において証明されているのです。これは宗教ではありません。

キリスト教では、復活をはっきり説明しません。現在の科学ぐらいでは、イエスの復活の説明はできません。とにかく歴史的事実を勉強すれば、私たちも歴史的に死を破ることができるのです。

現世で、人間は好きなものを食べて、好きな服を着ることができます。これはぜいたくなことです。神が肉体を持てば人間と同じ生活をするでしょう。だから、悟りを持つ責任があるのです。世間の人が考えているのと同じ考えでいると、ひどいことになります。この世に生まれてきたのは、それだけの責任を負っているのです。今までの責任を棚上げして白紙に戻って、愛憎煩悩を去って、観世音菩薩になるという気持ちを持つのです。これをするためには仏教だけではだめで、聖書の助けがどうしてもいるのです。

白隠が言っていた観世音と、現在私たちが考える観世音とは違うのです。白隠は死を破るとは言っていませんが、私は死を破る観世音を言っているのです。白隠禅師よりも大きい観世音を勉強しなければならないのです。

12. 物心

物心というのは五蘊です。五蘊というのはこの世の常識です。この世の常識ができてから、この世の命に取りつかれてしまったのです。

この世の命は死ぬに決まっている命です。今生まれたばかりの赤ちゃんは、死なない命を持っていたのです。物心に取りつかれていないからです。

物心は五蘊であって、これが悪いのです。皆様が大人になって五蘊皆空を実行しますと、物心に関係なく生活できるのです。そうすると、皆様は大人の知識を持っていながら死なない命を掴まえることができるのです。

生まれながらの赤ちゃんのようになればいいのです。例えば、花を見てきれいだと考えるでしょう。花を見てきれいだという直感は誰にでもあるのです。これが生まれながらの命です。ところが、きれいだという直感はありますが、それと自分の命とどういう関係になっているかが分からないのです。これが物心の悪さです。

皆様は花を見たらきれいと思われます。おいしいものを食べたら、これはおいしいと思われるでしょう。おいしいと考える、美しいと考えることが、そのまま皆様の命に通じているのです。

皆様の霊魂の本質は生まれながらの本質であって、おいしいとか美しいとかいう感覚は生まれながらの赤ちゃんの感覚そのものです。皆様はそういう五官の働きを持っているのです。

五官の働きは魂の実体です。花を見てきれいだと思うことを聖書はキリストの言葉と言っています。美しいことがキリストの言葉です。おいしいことがキリストの言葉です。楽しいことがキリストの言葉です。これを良き訪れと言うのです（ローマ人への手紙10・14〜18）。良き訪れというのはそういうものです。

良き訪れを素直に受け取る魂は、生まれながらの赤ちゃんの状態です。これに気が付けば、常識がどれほどばかなものか。それに引きずられる必要がないということが分かってくるのです。そうすると、皆様の霊魂の目の前を開くことができるのです。そうして、かわいい赤ちゃんになることができるのです。

大人の常識を持ったままで赤ちゃんになるのです。これを般若心経は究竟涅槃と言っているのです。涅槃の境になれば赤ちゃんになれる。そうしたら、彼岸に入ることができるのです。

これが宗教ではできないのです。宗教はどこまでも人の教えを説いているのです。教えはありますが、命を救えていないのです。

花がきれいだということは誰でも分かります。きれいだと分かることが、霊魂の救いにどういう関係があるのかということです。死なない命を持つためには、花がきれいだということをどのように受け取ればいいのかということです。宗教ではこれが分からないのです。

宗教は天地自然の本源であるところの御霊《みたま》の働きがないのです。人間の命の本質はエネルギーです。思考という面でも、生理機能でも、エネルギーが命の中心です。

エネルギーの本体を掴まえる方法が宗教にはありません。聖書には御霊を受ける、聖霊を受けるということが書いています。これを受けると、エネルギーの本体を掴まえることができるのです。

般若心経に色蘊という思想があります。色は目に見える万物が存在することをいうのです。目に見えるものがそのまま実在しているという考え方を色蘊というのです。道徳も法律も、政治、経済、人間の利害損失は、すべて五蘊に基づいているのです。

目に見えるものはすべて色があります。

目に見えるとおりのものがあると考えることが問題です。目に見えるものがあるかどうか、般若心経はそれがないと言っているのです。

色即是空、空即是色とあります。目に見えるものがあるのではない。目に見えないものが、あるように見えると言っているのです。空即是色というのは、空が色になっているのです。これは目に見えないものが目に見えるようになっているという思想です。

これがお分かりになれば、色即是空と空即是色の関係がお分かりになるでしょう。

目に見える世界は生きている間はあります。しかし、目に見えるものは造られたものです。元はなかったのです。なかったものが目に見える格好になっているのです。

造られたものはやがてなくなります。形あるものは必ず滅するのです。今皆様が見ている万物は、全部消えてしまうのです。しかし、人間の魂はなくならないのです。これが困るのです。万物がなくなる時に人間の魂もなくなるといいのですけれど、そうはならないのです。万物がなくなっても魂はなくならないという理由があるのです。どういう理由があるのかと言いますと、皆様の目の働きに理由があるのです。

皆様の目の働きというのは、人格からきているのです。人間の五官の働きというものは、肉体機能として働く面と、心理機能として働く面と両方あるのです。

目で見て美しいとか、食べておいしいというのは、皆様の人格が肉体的に働いているからです。これを五官というのです。

もうひとつは、理性や良心となって精神的に働いているのです。これも人格です。精神的なものと肉体的なものと両方に皆様の人格が働いているのです。

人格とは一体何であろうか。善悪利害得失を考える皆様の人格とは何か。プライバシーとか、プライドとか、自尊心と言います。道徳とか倫理とかいうのはどこからきているかです。

宇宙の命の本質は絶対人格を持っているのです。花が咲いているのは宇宙人格の現われです。宇宙人格の現われが宇宙のエネルギーになっている。それが花になっているのです。

花の美しさというのは、宇宙人格の美しさです。また、マグロや鯛の味は宇宙人格の味です。マグロや鯛の味は魚屋さんが付けるのではありません。天然自然が味を付けているのです。

天然自然とは一体何なのか。おのずからというものがあります。これが神の本物です。宇宙の命の本物です。宇宙の命には神という人格があるのです。太陽の輝き、空の青さ、海の青さ、花の美しさは皆人格の現われです。

神の人格が空に現われているのです。稲妻の光に現われているのです。これが神という人格の表現形式です。

人間は生まれながらにして、天然自然という形において、宇宙人格を知っているのです。皆様の人格には神の人格が植えられているのです。

皆様は自分の人格がどこからきているかを考えて頂きたいのです。皆様の人格は自分で造ったものではありません。この世に生まれた時に、おのずから与えられたのです。おのずからとは何でしょうか。

おのずからというのが神です。皆様の人格は神の人格と同じものを持っているのです。この世を去ったら皆様の肉体はなくなりますが、皆様の人格はなくならないのです。だから困るのです。そこで地獄に遭遇することになるのです。

人間は一人ひとりの命が与えられているのではない。地球が自転公転している命、天地の命がそのまま皆様の心臓の働きになって現われているのです。目の機能、耳の機能になって現われているのです。

皆様の生理機能、心理機能は宇宙機能です。これは神の機能と言ってもいいでしょう。皆様の中にある生理機能と心理機能が皆様の本体です。自分という人間がいるのではなくて、生理機能、心理機能が自分という形で現われているだけのことです。

皆様の生理機能には、天地運行の原則がそのまま働いているのです。だから、人間の生理構造はすばらしく神秘的なものです。すばらしい神秘的なものの本体は何かと言いますと、これが神です。

皆様の目が見えることが神です。皆様は生理機能、心理機能の本質が分かれば、宇宙の生命を自分のものとすることができるのです。

ところが、人間の常識、知識が、それを妨害しているのです。人間は自分の思いで自分が死んでいくことになるのです。こういうばかなことをやめて頂きたいのです。皆様にはせっかく宇宙の生理構造が与えられているのですから、その意味をしっかり掴まえて頂きたいのです。宇宙物理というものは人体生理と同じものです。宇宙の物理と人体構造は同じものですから、このことの意味を掴まえて頂きたいのです。

仏教では四大と言います。地、水、火、風の四つによって、万物は構成されていると言います。宇宙構造の原本が四大であると同時に、人間存在の原本が四大であるというのです。

四大という言葉で人間の肉体存在を現わし、また、宇宙の物理存在を現わしているのです。これが仏教の思想です。

これは非常に正しい思想でありまして、人間の肉体構造は四大です。地、水、火、風によってできているのでありまして、これは死なないものです。地、水、火、風に死はありません。

皆様が生きているその本質を究明すれば、皆様は死ななくなる。これが本当の教えです。これは宗教ではありません。真実そのものです。現実は真実ではありませんが、現前が真実です。皆様は現前において生きているのです。今皆様の目が見えるのです。今皆様の耳が聞こえるのです。これは神が共にいますことになのです。皆様と一緒に神が生きているということです。この神に気がつけば、皆様は死ななくなるのです。

神が共にいますということが、イエスの名です。イエスというネームがこうなっているのです。新約聖書はこのことを教えているのです。

現在皆様は宝の山に入っているのですから、宝物を拾って頂きたいのです。

私たちは本当のことを教えられているのです。これを色々な方法を通して訴えているのですが、訴えても訴えても、なかなか聞く人はいません。人間の常識、肉の思いが頑強にできているからです。

聖書には、宇宙の本当の真理、神の教えを人々に伝えることは、水の上にパンを投げるようなものであると書いています。私はそれをしているのです。恐らく効果はほとんどないでしょう。

ただ皆様の気持ちに幾分かのショックを与えるだけでしょう。水の上にパンを投げたので、少しばかり波紋ができたというだけのことです。

聖書を真面目に読んで頂きたいのです。聖書は神の思想を人間の用語で表現しているのです。

文字は誰でも読めるような分かりやすいものです。聖書は、読むことは何でもないのですけれど、これを理解することはなかなか難しいのです。

聖書の文章は神の思想でありまして、これが人間の語法によって表現されていますので、読むことはできますが内容がさっぱり分からないのです。これが聖書です。

そこで聖書を勉強するのなら、私たちのようなボランティアがいると思うのです。

般若心経は読んで字のごとくでありまして、色即是空、空即是色とありまして、よく分かるのです。よく分かるのですが、具体的に体得することはめったにできません。

現在の仏教には本当の空がほとんどありません。現在の仏教は空観が空疎になっているのです。空観の本質が空っぽになっているのです。そこで仏教が空洞化しているのです。

本当の空がはっきり分かっているお坊さんはほとんどいないのです。なぜかと言いますと、今のお坊さんは仏教大学へ行って、大学で習ったことを寺で説いているのです。これは本当の仏法ではなくて、学説の受け売りをしているのです。それでは本当の般若心経が分かるはずがないのです。

人間は空です。五蘊皆空が本当なら、人間が現在生きている事実は何かということです。皆様の常識、知識が空であっても、皆様が生きているという事実はあります。これは何なのか。

空の実体は何なのか。これが分かるお坊さんが日本にはいないのです。もし一人でもいれば、今のような仏教の堕落はないのです。

仏法の本質は伽藍ではありません。仏法と仏教とは違うのです。仏法が本当の真理でありまして、仏教はただの宗教です。このことをよくご承知頂きたいのです。

皆様は太陽の光を認識することができるのです。空の青さを認識することができるのです。花の美しさを知ることができるのです。大自然の景色を見ることができるのです。

大自然の景色を見ることができるのは、大自然を造った人格と同じ人格を皆様が持っているからです。だから大空の美しさが分かるのです。

皆様には宇宙構造の根本原理である神の人格がそのまま与えられているのです。だから、皆様の心臓が止まってこの世を去っても、皆様の人格は消えてしまう訳にはいかないのです。消えないものが皆様の人格の本質です。人格の本質は神です。全知全能の神です。神の絶対人格が皆様の人格として植えられているのです。だから、死んでしまえばそれまでだという訳にはいかないのです。これを考えて頂きたいのです。

宗教ではだめです。本当の命の源をしっかり掴まえなかったらいけないのです。自分が信じているからいいというのではない。信じても信じなくても、皆様の人格は宇宙人格の反映です。だから、皆様がこの世を去っても皆様の人格は消えてしまわないのです。ここに霊魂の重大性があるのです。

霊魂不滅という言葉がありますが、これはどういうことかということを具体的に説明できる人間が、日本にはいないのです。

人格はどこから来たのか。この世を去ったら人格はどこへ行くのかが分かりさえすれば、皆様の命と宇宙の関係がよく分かるのです。

皆様は現世で八十年、九十年生きるために生まれてきたのではありません。永遠に生きるために生まれてきたのです。皆様の人格の本質が人格どおりに完成されることを、霊魂の救いというのです。

こういう考え方が今まで日本にはなかったのです。般若心経と聖書を一つにして、東洋の原理と西洋の原理を一つにして説明するということがなかったのです。東洋文明の根源と西洋文明の根源を一つにして取り扱ったことが、日本にはなかったのです。

道元もだめでした。親鸞もだめでした。弘法大師も空也も一休もだめでした。人格が分かっていなかったのです。皆様は人格によって見ているのです。ところが、目で見ている世界はやがてなくなるのです。皆様の肉体がなくなるからです。

皆様の肉体がなくなることと、万物がなくなることは同じです。人間の感覚を頼りにしたらいけないのです。人間の感覚は数十年間のものです。しかし宇宙は永遠です。

皆様の人格は永遠の宇宙に参画して、宇宙の大構造に役立たなければならないのです。この世で仕事をすることはどうでもいいのです。

皆様の本当の仕事はこの世を去ってから実現するのです。この世の命はやがて消えるに決まっています。ところが、魂の本質価値は永遠のものであって、神と同じ仕事をすることが人間の魂の本質価値です。

だから、死んでから天国へ行くというばかなことを考えないで、もっと真面目に考えて頂きたいのです。

目で見ているということは、大変なことをしているのです。耳で聞いているということは、永遠の命に関わる重大なことを現世で経験しているのです。五官の重大性を本当に考えて、人格完成をして頂きたいのです。

皆様の人格と神の人格は同じものですから、神の完全さを皆様の人格は受け止めなければならないのです。これをイエスは実行したのです。これがイエスの復活です。

皆様の現在の命と復活の命は違います。復活の命は死なない命であって、これを受け取って頂きたいのです。

神の人格がそのまま自分の人格になるのでありまして、神と一つになれば死なないのです。これをして頂きたいのです。

13. 彼岸とは何か

般若心経は、般若波羅蜜多と言っていますが、彼岸がどういうものか、全然説明していないのです。彼岸へ行ったとは、何処へ行ったのか。向こう岸へ行ったというのでしょう。向こう岸は何処にあるのか。釈尊自身にも説明できないのです。

なぜかと言いますと、釈尊が見た一見明星は、やがて来るべき新しい国を見ているのです。しかし、釈尊は、現実にそれを掴まえたわけでも、そこに生きたわけでもないのです。

そこで、釈尊の思想であるかどうか分からない、仏国浄土という思想ができてくるのです。釈尊は明星を見たが、明星の実体について、全然説明していません。できなかったのです。

宇宙は、厳然として明星を見せるのです。それきり、何の説明もしないのです。神とはそういうものです。

イエスが死から甦ったことは、人間に新しい歴史が存在するに決まっていること、新しい歴史がこの地球に実現するに決まっていることを、示しているのです。

旧約聖書でダビデは、神の真実がこの世でありありと現われるのでなかったら、神を信じないと言っているのです。神の恵み、愛、永遠の命が、この世で事実証明されるのでなかったら、神なんか信じないと言っているのです。

イエス・キリストは、ダビデの末裔であって、ダビデの思想を受け継いでいるのです。イエスが復活したことは、実は、人間完成の実体が示されたのです。今の肉体ではない、もう一つ、の体があることを証明しているのです。

今の肉体を脱ぎ捨てて、もう一つのボディーを受け取ることが、本当の人間完成だと聖書は断言しているのです。これが、イエス・キリストの復活というテーマであって、人間のあらゆる学問の精髄を傾けて、研究すべきテーマです。

どうして彼は復活したのか。復活した彼の肉体はどういうものであったのか。やがて、この地球上にどういう関係を持つようになるのか。この地球はどうなるのか。人間社会はどうなるのかということです。

これを知ることが、最高の学です。これ以上の学はありません。これが本当の般若波羅蜜多になるのです。釈尊はこれをねらっていたのです。やがて、この地球上に現われるべき、新しい歴史、新しい人間の命のあり方を、明星によって、看破したのです。

もし、釈尊の一見明星という悟りがなかったら、実は、新約聖書の根底が成り立たないとさえも言えるかもしれないのです。こういう見方は、今まで世界になかったのですが、釈尊の悟りを延長すると、そうなるのです。

釈尊の般若波羅蜜多は、決して空論ではない。しかし、釈尊の時は、未来に現われる歴史が分からなかったのです。だから、どう説明していいか分からなかった。弥勒というように言われていますけれど、これが皆、宗教になってしまっているのです。

イエスの復活が、現実に生きている人間に、どのような具体的な係わりがあるのか。イエスの復活という問題が、もしこの地球上において実際生活で経験できないようなことなら、聖書など信じる必要がないのです。

従って、般若波羅蜜多はあるに決まっているのです。彼の土へ渡ることは、絶対にあるのです。

やがて、文明は自滅していきます。自壊的に崩壊します。今の文明は、人間が造った文明ですから、永遠に存在するはずがないのです。

しかし、人間が生きているという事実は、なくならないのです。これは、イエス・キリストの復活によって、すでに証明されているのです。もう結果が見えているのです。これが、新約聖書の本体です。

イエス・キリストの復活の他に、命はありません。だから、その命の中へ入ってしまえばいいのです。それだけのことです。これが、彼岸へ渡る方法です。

この命の中へ入ろうとする人は、なかなかいないのです。日本人の場合、大変難しいのです。日本人は、民族の伝統として、聖書と関係がないのです。いわゆる異邦人です。異邦人は、旧約時代には、獣扱いをされていたのです。

今、人間が生きている命は、すでに復活の命になってしまっているのです。彼岸は来てしまっているのです。これを、キリスト紀元と言います。キリスト紀元というのは、神の国が実現してしまっている時を意味するのです。釈尊が求めても求めても到達できなかった彼岸の世界が、現在現われているのです。迷っている人間には、分からないだけのことです。

イエス・キリストの復活が、学の対象になるべきですが、ユダヤ人がそれを妨害しているのです。専門学を並べて、文句を言っているのです。イエス・キリストの復活は、歴史の完成、地球の物理的な完成であって、これこそ唯一の学の対象になるべきものです。

般若心経は神の国の実体を述べていないのです。ただ入口があることだけを言っているのであって、般若波羅蜜多の実体の説明、彼岸の実質の説明は、一切していません。だから、般若心経だけではだめです。揭諦羯諦波羅羯諦ということは、おかしいのです。是大神呪、是大明呪、是無上呪、是無等等呪も、般若心経だけで考えますとおかしいのです。般若心経が最高のものだと言っていますが、もう一つ最高のものがあるのです。イエス・キリストの復活という事実です。これは般若波羅蜜多よりも、もっと大きいのです。

今までの宗教観念や文明の感覚、学問に対する感覚という小さい考えをやめるのです。それよりもっと大きいものを掴まえていただきたいのです。

般若心経の冒頭に観自在菩薩という言葉があります。観音さんが自在を見たということですが、これは何を見たのかということです。

自在は自由自在の自在とも言えます。自というのは初めから在ったものという意味です。自とは、からという意味です。

原点、根本があるとします。根本から始まったという意味のからです。観とは見ること、感じること、見極めることです。見極めて自分のものにすることです。これが観です。

観自在というのは初めからあったことを見たのです。観自在菩薩が大変な秘密を見極めたのではないのです。当たり前のことに気がついただけのことです。

「観自在菩薩行深　般若波羅蜜多」とありますが、観自在として生きている状態が、勝手に般若波羅蜜多になったのです。また、般若波羅蜜多を行じていることに、気がついたという意味です。

観音さんは自分が生きていることの実体にふっと気がついたのです、これが観自在です。本当の悟りというのは気がつくことです、気がつくことが本当の悟りです。

皆様が生きていることの中には、般若波羅蜜多があるから生きているのです。般若波羅蜜多がないものには絶対に生きることができないのです。

皆様は命があるから生きているのです。命とは何なのか。これが初めからあったものです。命が初めからなかったら、皆様が今生きているという事実があるはずがないのです。

地球が自転公転しているのは、命によるのです。命は初めからあったのです。地球ができる前から命があったのです。

初めからあった命が地球という格好で現われた。それだけのことです。

皆様が生まれる前に命があったのです。皆様の取り分だけの命があったのです。これがこの世に皆様という格好で現われたのです。これに気がつけば死ななくなるのです。私は簡単に述べていますが、大変なことを述べているのです。

自分が生まれる前に命があった。この命に気がつけば、死なないのです。大体、命は死なないものです。死ぬものは命とは言いません。生きている状態は死にますが、本当の命は死なないのです。

生というのが本当の命です。命というのは人間が現世に生きている状態を指すのです。皆様が現在肉体的に生きているという状態が命です。運命とか天命、寿命という場合には命という字を使います。

命は人間が現象的に生きているという文字であって、命の本質を意味するものではありません。

人間が生きていることの中にある本物を掴まえることができたら死なないのです。自分は死ぬと思っている人、また、死ななければならないと思っている人は、自分の業《ごう》によって束縛されてしまっているからそう思っているのです。

四苦というのは人間の業です。人間には生老病死という四つの苦しみがありますが、これが業です。人間が肉体的にこの世に生きていることが業です。現世に生きていることにこだわっている状態では、本当のことは分かりません。自分に家族があるとか、商売をしているとか、年齢が何歳であるとか、こういうことにこだわっている状態では、自在を観じることができないのです。

自在とは初めからある命のことです。これを観音さんが見たのです。観音さんは見たのですが、世界歴史の実体に当てはめて話をすることができなかったのです。

観音さんは大乗仏教が造った抽象人格です。龍樹が造った抽象人格です。人間の悟りを人格化する状態で言いますと、観自在、観世音という言い方になるのです。

これは悟りの状態を人格化したのです。般若波羅蜜多の一つの状態を人格的に呼んだのです。これが観自在です。

観自在という人間がいたのではないのです。人間が悟った気持ちの状態を、抽象人格として見ているのです。これが観自在です。

初めからある命は死なない命です。皆様がこの世に生まれてきたから死ぬことになったのです。そこで、この世に生まれてきたということを空じるのです。この世に生まれてきたという気持ちを捨ててしまうのです。そうすると、初めからの命がぽっと分かるのです。これが本当の命を悟ることになるのです。そうすると、死なないのです。

死なくなると聞いて、そんなことがあるはずがないと思われるでしょう。それは、生老病死に捉われているからです。この世に生きていることにこだわらないという気持ちを持って頂きたい。そうしたら分かるのです。

初めに命があったから、人間は生まれてきたのです。ところが、生まれてきたことにこだわっていますと、やがて死ななければならないことになるのです。

生まれる前の命を見つけて下さい。そうすると、死なない命が分かるのです。現在の物理次元の地球は、将来必ず壊れてなくなります。人間が住めなくなる時が来るでしょう。地球は解体してしまうのです。

生あるものは必ず死ぬのです。形があるものは必ず壊れるのです。地球という形があるものは、必ず滅してしまうのです。必ずそうなるのです。

人間が分かったとか、学理学説と言っていますが、結局地球がある間だけのことです。こんな地球を当てにするのではなく、地球ができる間の地球を見つけて頂きたいのです。

本当の命が地球として現われているのです。地球そのものが生物です。地球は生きているのです。だから、台風があったり、地震があったりするのです。地球が息をしているのです。

今の地球ができる前の地球があったはずです。これを見つけたら壊れない、潰れない地球が分かるはずです。このことを新約聖書では神の国と言っています。

イエスは「神の国と神の義を求めよ」と言っています。イエスはこれが分かったのです。分かったから、十字架によって殺されたが復活したのです。死を破ったのです。

死を破ることはできるのです。日曜日はイエスが死を破った記念日です。イエスが死を破ったのは歴史的事実です。だから、難しいと言わないで、般若心経を毛嫌いしないで、聖書を敬遠しないで頂きたいのです。

観音さんに分かったことが、皆様に分からないはずがありません。観音さんは皆様と同じ人格です。だから、観音さんが分かったことは、皆様にも当然分かるのです。

現世に生きている人間は、例外なく生老病死に捉われています。生というのは、今、人間が生きていることです。老は現世に生きていて年をとるという感覚です。病気になり、死んでいくと考えています。

現世に生きていることを基準にして考えている。これが人間の業《ごう》です。人間は業に押え込まれているのです。

魂というのは五官が働いている状態を指しているのです。従って、これは肉体的に働いているのです。

生は命の本質が働いている状態です。生まれる前の命が今、魂として働いているのです。人間はこの世に生きる為に生まれてきたのではないのです。この世で生活するために生まれてきたのではありません。生まれる前の命を見つけるために生まれてきたのです。

生まれる前の命を悟るか悟らないかということのためにだけ生まれてきたのです。命の本物、本質を掴まえることができるかできないかが、人生全体の目的です。生活することが人生の目的ではありません。命を見極めることが目的です。

ですから、難しいとか時間がないとか言っていられないのです。生活していても仕方がない。ただ死ぬに決まっているだけですから、現世でどんな大きな仕事をしても、どんなに成功しても、どんなに地位や財産を得ても、死ぬに決まっているだけです。

人間は生老病死という業に押え込まれているのですから、現世にただ生きていても仕方がないのです。死ぬに決まっているからです。

そこで、死ぬに決まっている人生に見切りをつけて、般若波羅蜜多の気持ちにならないかと言っているのです。

日本人は率直に言いますと、運が良くない民族です。これは日本人だけではなくて、アメリカ人でもイギリス人でも同じです。ユダヤ人以外の民族は皆運が良くないのです。地球が何のために造られたのかということを、先祖代々知らなかったのです。本当の命を弁えている祖先がいなかったのです。

だから、日本人の考えは全て現世に属する考えです。従って、日本人的な物の考え方から、解説する勇気が必要です。

まず知って頂きたいことは、皆様の魂は皆様自身のものではないということです。現世に五官によって生きているという事実は、皆様自身の所有物ではないということです。天のものです。

天に命があって、その命が今私たちに現われているのです。魂を自分自身の所有物のように考えて、どのように生きようと自分の勝手だというわがままな考えを持っていると、死んでから大変なことになるのです。

命は自分のものではありません。これを自分のものとして勝手に使っていたのですから、これに対して刑罰を受けるのは当然のことです。

皆様の衣食住をご覧下さい、服の着方、食事の仕方、家の住み方、仕事の仕方は、神が肉体を持った生き方です。もし神が肉体を持ったら、皆様と同じような生き方をするに決まっているのです。

皆様は神と同じような生き方をしているのです。そういうことを今皆様は経験しているのです。

例えば、マグロの刺身を食べるとおいしい味がします。マグロの刺身の味とは何でしょうか。これは生まれる前の命の味です。

四月になると桜の花が爛漫と咲きます。安原貞室が、「これは　これはとばかり　花の吉野山」と詠んでいます。爛漫とした桜の花は何が咲いているのかと言いますと、皆様が生まれる前の命がそのまま咲いているのです。地球ができる前の命が、花という格好で現われているのです。

皆様が桜の花を見て綺麗だと考えることが、皆様の五官の本質が永遠の生命を看破するだけの力があるということです。

皆様の魂には、観自在菩薩になるだけの力が十分にあるのです。ところが、日本人は現世に生きるだけに一生懸命になっている。生老病死という人間の業に掴まえられているのです。そこで、自由にものが考えられなくなっているのです。

自分の常識、自分の経験、自分の記憶から抜け出すことができなくなっているのです。皆様は現世に執着を持っている。現世に執着を持ちすぎているのです。

皆様の魂のあり方が、大自然のあり方に従っていれば、勝手にご飯が食べられるに決まっているのです。最澄が、「道心に餌食あり」と言っています。道を究める心さえあれば、勝手にご飯が食べられると言っているのです。これは本当の事です。

鳥が生きている状態、魚が生きている状態が本当の命を示しているのです。人間には現世に生きる義務みたいなものがありますけれど、現世で働くために生まれてきたのではありません。

命の本質を見極めるために生まれてきたのです。観自在というのは人間の本当の仕事です。商売をしたり、学校の先生をしたり、弁護士になったりしていますが、これは本当の仕事ではありません。

真面目に働く気持ちがあれば、仕事はあるのです。仕事よりもっと大事なことは命を見極めるということです。

命を掴まえるか掴まえないかによって、人生の成功か失敗かが決まるのです。皆様は花の美しさが分かるのです。刺身の味が分かるのです。刺身の味が分かる人は、生まれる前の命が分かるに決まっているのです。その気になれば必ず分かるのです。

皆様は天の命を味わっている。神の命を味わっている。命の本質は神です。皆様は宇宙でたった一つの神の命を預けられているのです。命は神からの預りものです。これを自分のものと考えたら、背任横領になるのです。他人のものを自分のもののように勝手に考えるからです。人間は自由に命を使うことができますが、自由に使う権利が与えられているからできるのです。自由に使う権利が与えられているということは、それに対する責任を当然与えられているのです。

基本的人権には当然基本的責任がついて回るのです。この責任を果たすということが、観自在という境地に帰ることです。

イエスが死を破ったという事実があるのです。イエスが死を破ったのなら、皆様にもできるに決まっているのです。

14. 業を果たす

皆様にご承知頂きたいことですが、人間文明には何の目的もないということです。人間文明には目的も価値もないということ、この世は滅びるに決まっているということです。このことをよく知らなければ、本当の聖書の感覚に溶け入ることはできないのです。

いろいろな学問や、知識について勉強していた方は、特に考えて頂きたいのです。現世の勉強というのは相当な魅力があるのです。

釈尊の思想は今の日本では完全に誤解されています。これは日本だけではなくて、世界中の人が誤解しているのです。皆様も全く分かっていないと言えるのです。

釈尊は明けの明星を見て悟ったのです。これが仏です。これが仏陀です。明けの明星が分からないような者は、仏陀とは言えないのです。

明けの明星は新しい太陽が出る前の星です。新しい時代が現われる前兆を指しているのです。これを釈尊は見たのです。

日本の仏教はどれもこれも皆だめです。日蓮は日本の国家社会が絶対のような感覚を持っていたのです。だから、全くだめです。日蓮は現世を認めてしまっているのです。

親鸞は人間を認めているのです。人間を認めているから、「いかなる行も及びがたき地獄一定の身である」と言っているのです。これは自分の肉体的存在を認めていることです。

日本の先哲賢人と言われた人で、命が分かっていた人は一人もいなかったのです。日本の宗教改革の時代には、日蓮、親鸞、道元、栄西、法然、最澄、空海といった人々が出ました。今から七、八百年くらい前です。

その当時の日本には相当の人が現われたのですが、全部仏教の改造でした。仏教の思想を日本的に焼き直しただけのことでした。釈尊の悟りが全然分かっていないのです。

こういうことをまずご承知頂かなければ、私がお話しすることが理解頂けないと思います。世界的に見て頂きたいのです。世界の歴史の成り立ちを見るのです。人間文明の本質を弁えるということができない人は、私の言うことは到底理解できないのでしょう。そういう人は私の話を聞く資格がない人だと考えて頂きたいのです。

人間文明は何の価値もないのです。しかし、人間文明がなかったら、聖書は伝承できなかったでしょう。これだけがキリスト教の取り得だということができるのです。

キリスト教は神の聖書を人間の聖書のように解釈してしまったという大失敗はありますが、とにかく聖書の文字を改竄しないで、また、葬りもしないで、聖書六十六巻を今日まで伝承してきたということだけはキリスト教の取り得です。

日本人はアブラハムの約束に関係のない人間ですから、私はぼろくそに言うのです。アブラハムの約束に関係がある人間は、本質的に魂としての人です。このことをしっかり承知して頂きたいのです。

現在の人間文明は動物文明であって、霊魂の文明とは違います。肉体人間は動物人間を意味するのです。人間文明は動物文明を意味するのです。高等な動物の文明です。高級な動物の暮らしの状態を人間文明というのです。

トインビーという世界一流の歴史学者がいましたが、歴史と文明という言葉をごちゃごちゃにしていたのです。彼は世界一流の歴史学者でしたが、歴史ということの説明ができなかったのです。長文の「歴史の研究」という本を書いていますが、人間の命ということが全然分からなかったのです。

今の文明は全くばかみたいなものです。そんなものに取りつかれて、何になるのかと言いたいのです。

今の文明があることが何になるのでしょうか。こういうことが分からなければ、皆様は神が分からない人になるのです。

分からないのが悪いのではありません。分からないということに気がついて、教えてほしいというのなら見込みがありますが、文明に値打ちがあると思っている人は、聖書の勉強をする値打ちがない人です。

人間社会があって何になるのでしょうか。皆様は今まで何十年もこの世界に生きてきましたが、命について何が分かったのでしょうか。ただ生活してきただけです。生活をしていたということで、何の効果があったのでしょうか。ただ罪を造っただけです。人に迷惑をかけていただけです。

自分では一人前に働いていたとか、仕事をしてきたと言いますが、働かしてもらっただけであって、自分だけの力ではないのです。自分が働いた何倍かの迷惑を他人にかけているに決まっているのです。

人に迷惑をかけたことを考えずに、働いた、働いたと言って威張っているのです。何を言っているのかと言いたいのです。そういう思い上がった考えを捨てなければいけないのです。

皆様は何となく心の中で威張っているのです。自分は仕事をしたとか、物事が分かっているとか、自分はしっかりした人間だと思っているのです。勝手にそう思い込んでいるのです。

こういう考え違いを根本から認識しなければ、神を勉強する資格はないのです。

誠の神を信じるというのは、よほど運の良い人でなければできないのです。宗教の神なら誰でも信じられますが、本当の神はそうではない。よほど運の良い人でないと信じられないのです。

男女が交わって男が射精すると、二億以上の精子を発射するのです。二億以下では受胎の可能性がないようです。二億から二億五千万の精子が発射されて、人間になるのはたった一匹だけです。

しかも、たった一回の交わりで受胎するとは限りませんから、受胎する確率は非常に小さいのです。何億とか、何十億の中の一匹だけと言えるのです。

本当の神が分かる、本当の神に到達するというのは、これくらいの確率になるのです。皆様に本当の神が分かって、神のヘルパーとなって、永遠に宇宙の王となる栄光を与えられる可能性は何百億分の一くらいです。

命の本源である生ける神のヘルパーになって、神の番頭になって、永遠の宇宙を任せられる人になるかならないかということです。

こういう考え方は日本には初めからありません。全然ないのです。日本には天皇制があります。徳川時代にあった話ですが、天皇は正月のお雑煮に本来は鶴の身を入れて、お正月を祝うというのです。

ところが、宮中樒《しきみ》ということで、だんだん貧乏になっていったのです。ある関白が陪食を仰せつけられたのですが、その時、雑煮に鶴の替わりに焼き豆腐が入っていたのです。天皇は焼き豆腐をつまんで、「今年の鶴は焼き豆腐に化けたのか」という皮肉をおっしゃったということです。

鶴がだめなら、せめて、鶏肉に化けたらいいのですが、それもできなかったのです。実際、当初鶴だと言っていたのは鶏であったようです。その鶏も食べられなかったのです。

そんな貧乏な天皇が、日本になぜなければならないのかということです。人間社会の常道から考えてみると、そんなものは必要がないのです。

そういう天皇をなぜ日本では、畏れかしこんでいたのでしょうか。この説明ができないのです。明治天皇のように威勢がいい人は、後にも先にもたった一人です。

第二次大戦前には、軍部が天皇を現人神として持ち上げすぎたのですが、天皇は位だけはあったのです。力は全くなかったのです。餅を買うお金さえもなかった時があったのです。天皇の一族は陰でいろいろと商売をしていたようですが、天皇はそういうこともできなかったのです。一切無給だったのです。

こういう皇族がなぜ日本で伝承されたのでしょうか。普通の社会歴史の流れから言えば、消滅してしまうのが当たり前でした。これが消滅せずに伝承されたのはなぜでしょうか。これを説明できる学者が、日本には一人もいないのです。

日本人には説明できないのですが、ユダヤ人なら説明ができるのです。日本人が考えている人間と、丸裸の人間とは、全然違うのです。

現在では聖書は完全にキリスト教のテキストになっていますが、聖書とキリスト教は本来何の関係もないのです。全く関係がないのです。

これはユダヤ教とモーセの律法と関係がないようなものです。ユダヤ人はモーセの律法はユダヤ教のように思い込んでいるのです。

人間は大から小に到るまで誤解の塊です。人間は何のために生きているのか。人間とは何者であるのか。こういうことが全然分からないのです。分からないままで、皆様が私の話を聞いて感心しているというのはどういうことでしょうか。

皆様の魂は何か分からないのですが、私の話は聞かなければならないというセンスを持っているのです。

神はキリスト計画に基いて世界の歴史を展開していますが、全世界の人間が神の子になる可能性があるのではないのです。

聖書の内容は一種特別な霊的思想であって、普通一般の人が聞けるものではないし、聞いたところで役に立たないのです。

皆様が勉強をしているからと言って、世間には通用しないのです。私は世間一般に通用していない人間です。ただ一種独特の匂いを嗅ぎつける人にだけは、これはすばらしいということが分かるのです。普通一般には何を言っているのか分からないと言われるのです。

聖書はキリスト教のように世界一般に公開すべきものとは違うのです。聖書の本当の内容を本に書いても分からないでしょう。分かった人はどうかしているのです。

神がこの世を造ったこと、人間を造ったこと、皆様にこの原点がまず分からなければいけないのです。

神がこの世を造ったこと、また、人間を造ったのはなぜか。なぜこんなものができたのか。仏教にはこういう教えが全くないのです。

大乗仏教は文句ばかりを並べていますけれど、奥行きが一つもないのです。八万四千の法門と言いますが、奥行きがないのです。八万四千というのは、人間の毛穴の数と言われているのです。それだけ、仏教の入り口は多いのです。入口だらけです。

八万四千の法門というのは球形になっていて、あらゆるところから入れるというのです。入れることはできても、上っ面だけで奥行きがないのです。中身が全くないのです。これが仏教です。

四諦八正道、十二因縁と言いますが、奥がないのです。間口だけです。これが異邦人の宗教です。日本の宗教そのものです。

仏教は全くの虚仮脅しです。空海の曼陀羅は間口ばかりです。奥行きは一つもないのです。命の実質、魂の実体が分からなければ、奥行きはできないのです。

聖書は入口はほとんどないと言ってもいいのです。ないことはないのですが、入口を見つけることが大変なのです。ようやく入口を見つけても、そこから中へ入るのが大変です。

まず入口を見つけるのです。本当の聖書の入口というのは、めったに分かりません。今のところ、日本では私だけでしょう。神がそうしているからしょうがないのです。キリスト教ではない聖書とはっきり言えるのは、私以外にはいないのです。

キリスト教は感心しないという人はたくさんいますけれど、感心する聖書は何処にあるのかというと、ないのです。正しい聖書の捉え方が分からないからです。

聖書の入口が何処にあるのか分からないのです。入口を見つけたとしますと、そこから中へ入るのが大変です。まず御霊《みたま》を受けることが必要です。御霊を受けるというのは、宇宙構造の秘密の中へ入ることです。

積極的なエネルギー、プラスのエネルギーの本物の中へ入っていくのです。命の実物の中へ入っていくのです。このために御霊を受けるのです。御霊を受けることが玄関に入ることになるのです。

まず御霊を見つけることが大変です。そして、今度は入ることが大変です、そうして、ようやく中へ入ると、神の国が無限に広がっていることが分かるのです。だから、一年や二年勉強しても、奥行きは分からない。無限に奥行きが広がっているからです。

聖書は奥行きばかりです。間口はなかなか見つからないのです。本当の洗礼というのはめったに受けられないのです。私はなかなか洗礼を授けません。授けても意味がないからです。

キリスト教の牧師さんはすぐ洗礼を授けます。洗礼を受けて何の効果があるのか、牧師さんも知らないし、受けた人も分からないのです。教会は入会の儀式のように考えているのです。こんなものは何の意味もないのです。

イエスは「羊の装いを持ってくる預言者を警戒せよ」と言っています。教会へ行きますと、「よく、いらっしゃいました」と言って大歓迎してくれるのです。キリスト教の牧師さんはとても愛想がいいのです。これが宗教のやり方です。

神と一緒に生きることが生活です。これを命を生きるというのです。生きているということが神です。従って、生きていながら自分が生きていると思っている人は死んでいるのです。

生きているという事がらがそのまま生ける誠の神です。皆様は死にたくないと思っていますが、なぜ死にたくないと思うのでしょうか。これは皆様の霊魂が、生きていることが神であることを直感的に知っているからです。その神と別れたくないというのが本音です。

皆様は塩をなめたら辛いと思い、砂糖をなめたら甘いと感じます。塩に誰が味をつけたのでしょうか。人間はこれを考えようとしないのです。これを罰当たりというのです。

塩の味は誰がつけたのかということをはっきり考えない人は、地獄へ行く人です。

この世に生まれて、命のことを全く知らずに死んでいくのが、世間並の人間です。この世に生まれてきたことが業《ごう》です。カルマです。だから、人間は地獄へ行くのが当たり前です。生まれてきたために、毎日、毎日、罪を造っているのです。

塩の味は誰が造ったのかを考えないままの状態で、塩気を毎日食べているのです。塩気なしでは生きていけないのです、塩は誰が造ったのかということを考えないままで生きていることが、業です。業が発揮しているのです。神を崇めないで生きているからです。神を神としないままで生きているのです。

神を神としないということが、犯罪行為です。業というのはただの罪ですが、悪いことをしなくても罪です。塩の味を誰がつけたのかということを知らないで生きていることが、罪です。

これは自分で積極的に悪いことをしようとしているのではありませんが、塩を誰が造ったのかということを知らないで食べていることが、罪になっているのです。

無知が罪です。何のために生まれてきたのかを知らずに、生まれてきたことが業です。だから、死んだら地獄へ行くに決まっているのです。必ず行くのです。

15. 阿弥陀とは何か

阿弥陀とは無限という意味です。阿は無のことです。弥陀とは限りという意味です。阿弥陀というのは無限のことです。ダルマカラーは無限を悟ったのです。それはどういうものかと言いますと、一つは心臓が動いているということ、もう一つは脳波が働いていることです。人間の命が無限であり、人間の脳波が働いていることが無限であることを悟ったのです。

人々はお経をあまりにも有難すぎるからいけないのです。額に入れて天井に祀ってしまうからいけないのです。だから、阿弥陀如来の本当の姿が分からなくなっているのです。金縁の額の中へ阿弥陀如来を入れたらいけないのです。皆様の頭の中へ阿弥陀如来を入れたらいいのです。

皆様はアスクすればいいのです。何をアスクするのかと言いますと、皆様が生きていることをアスクしたらいいのです。目が見えることをアスクするのです。耳が聞こえることをアスクするのです。

大体、人間という奇妙な生き物が地上に現われていることがおかしいのです。皆様が現世に生きていても、何にもなりません。日本という国があっても、また、世界の文明があっても、全く無意味です。

文明は何のためにあるのでしょうか。今の文明には目的がないのです。ユダヤ人が指導しているから、こういう文明になってしまったのです。

ユダヤ人に引きずり回されているから、こういうことになってしまうのです。ユダヤ人自身がアスクしていないのです。命をアスクしていない者が、文明の指導をしているからこういう文明になってしまったのです。

ダルマカラーのような人が世界を指導してくれたら良かったのです。ダルマカラーは自分の命をアスクしたのです。命をアスクしたから、自分自身が阿弥陀如来であることが分かったのです。

こういう人がアメリカの大統領になってくれたらいいのです。今のアメリカの大統領、ロシアの大統領はだめです。どちらも命を知らないからです。

日本の総理大臣も、命を知らないからだめです。私は文明をぼろくそに言いますが、本当に悪いから言っているのです。ユダヤ人は本当に悪いのです。

今の大学に専門学はありますが、専門学は本当の学ではないのです。専門学は専門の学であって、本当とは言えないのです。だから、命が分からないのです。そういうものをいくら勉強してもだめです。

専門的というのは部分的になるのです。専門的と偉そうに言いますが、これは部分的という意味です。だから、専門学はだめです。

宗教家は宗教の専門家です。私は専門家ではありません。五目家みたいなものです。だから、何でも分かるのです。こういう頭でなかったら、本当の命は分からないのです。

イエスがそうだったのです。イエスは五目家でした。大工の青年でしたから、五目専門です。イエスは家も造るし、建具も家具も造ったのです。だから、命が分かったのです。

上等の人間はだめです。専門家になっているからです。仏家では輪廻転生と言います。天理教でも言います。これは宗教でいう輪廻転生であって、これは嘘です。本当の輪廻転生というのは、スケールが非常に大きいのです。

現在の地球は未完成です。未完成に決まっています。未完成だから地震があるのです。完全な地球であれば、地震はないのです。また、地球には大きい物があるのです。飢饉、洪水、台風、津波、旱魃、異常気象が頻発しているのです。

もし地球が完全なものであったら、大飢饉が起きるはずがないのです。何万人も人が死ぬ地震があるはずがないのです。コレラ菌、チフス菌などの伝染病が次から次へと人類に襲ってくるはずがないのです。

凶悪な伝染病が地球から発生するということは、地球が不完全であることをはっきり証明しているのです。

現在の地球は未完成です。これは完成されるべきものです。これがイエスの復活によって証明されたのです。

イエスの復活体というのは、肉体があったのです。新しい肉体を持っていたのです。復活したイエスは焼き魚を食べたのです。ラゲ訳の聖書には、ぶどう酒を飲んだとも書いています。飲んだり食べたりしたのは、肉体があったからです。この肉体は自由に変幻出没するのです。現われたい時に現われて、消えたい時に消えるのです。頑丈に締め切った部屋の中へ、自由に入っていけたのです。

人間は自由意志によって、自在にコントロールできるはずです。これが人間完成の状態です。イエスはそういう肉体を持っていたのです。自分の心のままに肉体を変幻自在にできたのです。これが本当の肉体です。そういう肉体をイエスは持っていたのです。

皆様の現在の肉体は不完全極まりないものです。いつ、ガン、脳溢血、脳梗塞、心臓麻痺、腸閉塞になるか分からないのです。自分の肉体でありながら、どうすることもできないのです。

今の命は不完全なものです。こんなものを本当のものと思ったらいけないのです。

皆様にはまだ十分に分かっていない点があるのです。これは考え違いということではありません。十分に分かっていないことは、今肉体的に生きているのは不完全な意味での皆様であって、不完全な人間の命が儚いのです。従って知ると言われても、また、悟ると言われても、現在の肉体人間の頭で考えているのですから、完全なものを知る、信じる、悟ることができないのです。

完全なものを信じる、悟るためには、アスクする必要があるのです。何をアスクするのかと言いますと、完全な命をアスクするのです。

現在、皆様が生きている命は不完全な命ですから、この命を持ったままの常識では、本当のことは悟れません。この命を持ったままで信じれば、皆宗教になってしまうのです。

法蔵比丘は、自分の命のままで、信じても、悟ってもだめだということが分かったのです。そこで、自分ではない自分を見つけようと考えたのです。自分ではない自分を見つけようと考えて修行したのです。その結果、自分ではない本当の自分が見つかったのです。これが阿弥陀如来です。

母の胎内から生まれた自分ではない、本当の命の自分を見つけようと思って考えたのです。これが阿弥陀如来です。阿弥陀如来である自分の本質に目覚めたのです。そこで、法蔵比丘が如来になったのです。これが本当の成仏です。

ところが、阿弥陀如来というのは譬であって、歴史的に地球上に存在した人間ではないのです。譬としては結構ですが、本当の人間として地球上に歴史的に生きていた人ではありません。阿弥陀如来として唱えられている人の本当の正体が、何処かになければならないのです。如来さんは歴史的に存在していないのですから、阿弥陀如来と言われる人格の実物が、何処かになければならないのです。何処にもないとしたら、阿弥陀如来が嘘になるのです。

もし人間の本体が阿弥陀如来であるとしたら、それを証明することができるような実体が、何かに存在しなければならないのです。これがイエスです。だから、阿弥陀如来と言っても、イエス如来と言っても同じことになるのです。

イエスは歴史的に存在していたのです。ナザレ村で大工をしていたのです。阿弥陀如来というのは理想の人格であって、抽象概念としての理想人格です。概念的な理想人格がもし本当であるとしたら、歴史的な実在として何処かに実物がいなければならないのです。

もしそういう実物がないとしますと、阿弥陀如来という説が間違っていることになるのです。理想と実体とがきちっと合わなければならないのです。日本の仏教家はこういうことを全然研究していないのです。全く不勉強です。

仏教で言っていることがもし本当だとしたら、その実体、実物が何処かになければならないのです。弥勒菩薩の実体は何かです。歴史的に学問的に証明されなければならないのです。それを仏教は証明しようとしないのです。だから、仏教のお坊さんは不熱心です。仏教で商売をしていることに熱心だからです。

仏教の専門家だからいけないのです。仏教という専門的なことしか知らないのです。仏教の勉強はしていますけれど、聖書の勉強を全くしようとしないのです。これがいけないのです。

キリスト教も同様です。キリスト教のことは知っていますが、仏典のことは何も知らないのです。こういう人々に本当のことが分かるのでしょうか。

ローマ法王も人間の魂については何も知らないのです。魂について知らない人がローマ・カトリックを指導しているのです。だから、カトリックは間違っているのです。

今の地球はやがて滅んでしまいます。そうして、本当の地球が現われます。これが本当の輪廻転生です。

今の文明はやがて滅んでしまいます。そうして、人間が本当に望んでいる文明が現われるのです。例えば、犯罪者がいない文明です。今の文明の状態で、仮に、アメリカ・ロシア・中国・イラン・北朝鮮が合意したら、軍縮は成就するでしょう。核兵器も廃絶するでしょう。ところが、やはり人間は死んでいくのです。

泥棒根性、人を憎む気持ちがある以上、本当の世界平和とは言えないのです。人間の理性、良心が求める平和は、刑務所がある平和ではないのです。警察や病院がある平和ではだめです。自然災害、病気、犯罪がない世界、そして地球から死が消滅した世界が、本当の世界平和が実現した世界です。聖書はこういう世界が必ず実現していることを預言しているのです。

16. アスクする

般若心経も聖書も、現世があること、国家社会があること、人間社会があることを認めていないのです。従って、現在の政治、経済を認めるとしたら、般若心経の原理、聖書の原理が認められないことになるのです。

現代文明と聖書、般若心経は全く正反対のものです。ですから、聖書と般若心経を正しく読んだら、一服の清涼剤になるということは、間違いなく言えることです。

現代文明の学問や常識から、般若心経、聖書の本当の原理の説明は全くできません。していません。イエス・キリストの実体を全然説明していないのです。釈尊の本当の姿を全く説明していないのです。

人間の常識は人間は必ず死ぬものだと考えているのです。人間の常識に同調することは、死に同調することです。

人間は死ぬのは当たり前だと考えている。死ぬということを呑み込んでいることが、人間の命を正当に見ていないこと意味しているのです。

命というのは死なないものです。死なないものが命です。死ぬに決まっているものは命とは言えないのです。死ぬに決まっている命は、罪人の命ということができるのです。これは不当な命であって、正当な命ではないのです。

聖書は正当な命を皆様に提供しているのです。死なない命を提出しているのですが、死ぬのが当たり前だと思っている人は、それに全く関心を持たないのです。むしろ、それに対して反感を持つ人さえいるのです。

人間は命に対し常識的な枠をはめてしまっているのです。人間は死ぬのは当たり前だという気持ちを持っているのです。

ところが、そうではないのです。命というのは死なないのが当たり前です。死ぬのは罪人の命であって、私たちの本質が罪人でなくなれば、私たちの命は死なない命に変化してしまうのです。

死なないものを命というのです。命という言葉そのものが、死ぬことを意味しないのです。皆様の精神構造の中から、命の実体を掘り出せば、皆様の命が死なない命になってしまうということを考えて頂きたいのです。

イエスはそれを実行したのです。イエスという人格を皆様が受けとめて、皆様自身のものにすることができれば、皆様は死なない命そのものを具体的に経験することができるのです。

宇宙には命は一つしかありません。それが太陽系宇宙に現われているのです。太陽系宇宙に現われた命が、地球に集中しているのです。

命は一つしかありません。初めから終わりまで、命は一つです。それでいいのです。現在、皆様は宇宙に一つしかない命にあずかっているのです。

皆様は今、命の表を経験しているのです。ところが、命には表と裏があるのです。命の裏が死です。命の表がある以上、裏があるに決まっているのです。

命の表を正当に経験するのです。これが人生観の正しい在り方を意味するのです。私はこれをお話ししているのです。

現在の地球は命の表を正当に現わしているのです。これが地球現象というものです。この地球現象において、皆様の生命現象がありうるのです。このことをよく考えて頂きたいのです。

イエスは山上の垂訓で「アスクせよ」と言っています（マタイによる福音書7・7）。

アスクというのは求めるという意味が主要であって、質問するという意味もあるのです。人間が現世に生きていることの最も重要なことがアスクすることです。

現世に生きているのはアスクするためと考えてもいいと思います。真面目にアスクすれば、どんなことでも分かるのです。アスクしないで信じてしまうから、分からなくなるのです。アスクしないで満足してしまうことが、人間の大欠点です。

現在、人間は命を知らないままの状態で生きています。命を知らないままで生きていて、宗教を信じて満足してしまうのです。これが間違いです。宗教だけではありません。金儲けをして満足する。代議士になって満足してしまう。こういう次元の低いことをしているから、本当のことが分からないのです。命が分からないことになるのです。

アスクということは、人間がこの世に生まれてきたことの最大のテーマです。

「求めよ、そうすれば与えられるであろう」とイエスが言っていますが、これはアスクせよと言っているのです。何を求めよとは一切言っていないのです。ただ求めよと言っているのです。何を求めよとは書いていません。ところが、仏教でもキリスト教でも、ある目的を持って求めることを求めるというのであって、目的なしにただ求めよと言っているのは、イエスだけです。

イエスは最終的に求めるべきもの、到達すべきことが分かっていたから、そういう言い方をしたのでしょう。

皆様が現在生きているということが、アスクしなければならない状態に置かれていることです。

人間は生きていながら命を知らない。そういう不完全な生き方をしているのです。

生きているということは、命を経験していることです。ところが、命を経験していながら、命が分からなかったのです。これは生き方が間違っているからです。経験の仕方が間違っているのです。

今の人間が生きているのは、命そのものを生きているのではなくて、命を断片的に経験してるだけです。命の本体を全然知らないのです。だから、死んでいくことになるのです。

命を完全にマスターしないで、生きているようなつもりでいるのです。これが死んでいるということです。

仏教の正信偈では、帰命無量寿如来　南無不可思議光　法蔵菩薩因位時　在世自在王仏所と言っています。

無量寿如来に帰命せよと言っていますが、これは概念的には正しいのです。皆様は無量寿如来に帰命したらいいのですが、それをしないのです。

仏教には無量寿如来という言葉はありますけれど、無量寿の実体がないのです。宗教だからそれでもいいのです。けれども、実体がないのです。帰命無量寿如来と口では言っていますけれど、本当にどうしたらそうなるのか、具体的に、実体的に、論理的に説明ができないのです。

如来というのはすばらしい言葉であって、皆様がこの世に生まれてきたのは如来です。真如が肉体的に現われているのです

聖書で言いますと生ける神の子です。真如そのものが現世に現われているのです。これが皆様の命の実体です。ところが、このことを人間は知らないのです。

現在、皆様自身が無量寿如来です。これが分からないのです。自分自身が無量寿如来であることが分からないのです。

皆様自身が阿弥陀如来です。ところが、自分が阿弥陀如来の名号をしたら救われると考えているのです。だから、いけないのです。法蔵菩薩というお坊さんが、自分自身の悟りを開いて阿弥陀如来になったのです。

法蔵比丘は私たちと同じ人間です。加藤さんも、田中さんも、法蔵比丘と同じですから、阿

弥陀如来になったらいいのです。

　弥陀の名号を念仏申すというのは、名仏のいわれを念仏する時に、その人の心の中には如来がいるのです。そのとおりです。宗教概念ではそれでいいのです。けれど、死んでからの世界はそれほど甘いものではないのです。死んでからは門徒がいないところへ行きますから、帰命無量寿如来と言ったらだめです。

　宇宙の何処ででも通用するものでなかったらだめです。

　現在でも、死んだ後でも、何処ででも通用しなければいけないのです。科学的にでも、政治的にでも、宗教的にでも、哲学的、経済的にでも通用するものでなければいけないのです。宗教的には説明できるが、経済的には説明できないというものではいけないのです。そんなものは宗教であって真理ではないのです。

　今の文明に必要なものは、ごまかしではない、まやかしではない、本当の学問です。本当の学問は、命の実体をずばりと言い切るものでなければいけないのです。

　こういう宇宙的提唱は今までの日本ではなかったでしょう。弘法大師も伝教大師もできなかったことです。これを私はしているのです。私は一介の馬の骨みたいな者ですから、このように言いたいことが言えるのです。博士とか教授、大僧正と言われている人は、こういう大胆なことが言えないのです。

　皆様がこの世に生まれたということは、アスクするためです。生きていながら命が分からないというのは、大変恥ずかしいことです。法蔵比丘というお坊さんは恥ずかしいと思ったから、本当の自分を悟ろうとしたのです。

法蔵比丘はサンスクリット語ではダルマカラーと言いますが、これは釈尊の別名だと思います。ダルマカラーという人物がいたのかと言いますと、いたのではないのです。

ダルマカラーというのは、法（ダルマ）が人間として生まれたという意味のことを言っているのです。これは恐らく釈尊の別名であろうと思われるのです。この人が本当の人生を悟った結果、自分自身の本質が阿弥陀であることが分かったのです。

17. 一切空

釈尊は宗教家ではありません。一切空と言ったのです。一切空は宗教になりません。宗教も空だと言ったのです。般若心経は五蘊皆空、色即是空だと言っています。宗教は空だとはっきり言っているのです。宗教は良かれ悪しかれ、人間の常識の産物です。

仏教に入鄽垂手《にってんすいしゅ》という、言葉があります。一度、天に入ってしまってから手を下へ下げて、常識並に話すことを言っているのです。これをしているととても時間を要するのです。何十年も何百年もかかるでしょう。私が現世にいる間に、皆様に悟って頂けるかどうか分かりません。

入鄽垂手して頂きたいと言わずに、超俗的、超学的な気持ちになって頂きたいのです。謙遜な気持ちを持って頂きたいのです。謙遜というのは空っぽになることです。何かの理屈を持っていたら、謙遜とは違うのです。

皆様は今生まれた嬰児《みどりご》のようになって頂きたいのです。聖書に、「今生まれたばかりの乳飲み子のように、混じりけのない霊の乳を慕い求めなさい」とあるのです（ペテロの第一の手紙2・2）。

今生まれた嬰児のようにとあるのです。イエス自身が自分のことをベビーと言っているのです。これが分かったら、気持ちに迷いや不信がなくなるのです。いつ死んでもいいという気持ちになるのです。

これはどういうことかと言いますと、人間の一番大きい間違いは、五十歳の方は五十年間この世に生きて来たと思っていることです。これが全く間違っているのです。五十年間この世に生きてきたという事実はないのです。

皆様にとって一番大切なことは、今この瞬間に心臓が動いているということだけです。これだけしかないのです。社長であるとか、億万長者であるとか、何歳であるとか、関係がないのです。今生きているということだけが、その人の実体です。

昨日生きていたということも関係ないのです。社会的な地位とか名誉には関係がないのです。今生きているということを掴まえたらいいのです。今生きているということだけは、信じる必要がない事実です。信じる必要がない事実というのは、真理です。

信じなければならないというのは、人間の観念の遊戯です。現実という言葉を使いますが、この言葉の使い方さえも間違っているのです。現実というのは、いわゆるリアル（real）ですが、この言い方がもう間違っているのです。

現実という日は今日という日です。今日の朝から夜までを一日と考えている。日本という国があって、日本社会があり、家庭があると思っている。これが現実ですが、これが嘘です。

家庭があろうが、日本人であろうが、仕事があろうが、大地震や大津波がくれば、そんなものは何の足しにもならないのです。そういうものは信じられないことです。

本当に信じられることだけを信じて頂きたいのです。これは、今心臓が動いているということです。これを現前というのです。現前というのは待ったなし、かけ引きなしです。嘘も誠も、利害得失もないのです。これを信じるのです。

人間の一切の思想から出てしまった実体が、生きているということです。

困ったことに、年配の皆様は今までいろいろと苦労をしてきたので、六十年間生きていた、七十年間生きていたと思う癖がついてしまっているのです。この記憶が間違っているのです。今この瞬間に生きているという具体的な事実だけを掴んで頂きたいのです。これだけが本当です。なぜかと言いますと、昨日の地球は今はなくなっているのです。

皆様は昨日の地球があったと考えているのです。昨日の地球を見せなさいと言ったら、どうして見せることができるのでしょうか。昨日の地球も、昨日の自分も、昨日の奥さんもいないのです。

昨日の自分がいるというのが人間の常識です。昨日の地球は何処を探してもないのです。ただ人間の記憶の中にだけあるのです。

人間はありもしないものを記憶という形で温存しているのです。これを迷いというのです。昨日の地球さえもないのなら、五十年間生きていたという事実は何処にあるのでしょうか。私は現在常識的には七十九歳になりますが、問題にしていません。知らん顔をしているのです。七十九歳というのは嘘だと思っているのです。

存在と命の二つが分かればいいのです。宗教も人間の学問も文化概念も、存在と命の二つを全く見落としているのです。

存在ということについての人間の考えが間違っているのです。東洋哲学も西洋哲学も、存在の説明が全然できないのです。

釈尊は存在と命については全然言及していないのです。釈尊も触れていないのです。ただ人間の考えは全部空であると言っているのです。人間の考えがなぜ空なのかと言いますと、存在と命が分からないからです。

命と存在について、的確な説明ができないので、人間の常識、学問は全部空だと言っているのです。これは間違いないことです。命と存在が分からないから空だと言っているのです。

皆様は存在と命が分からないのに、空だと言っているのです。これが間違っているのです。もし存在か命のどちらかが分かれば、空ではないのです。

日本人はユダヤ人と良く似たところがあって、何も分からないのに根性はあるのです。常識という根性がしっかりあるのです。日本人よりも中国人のほうがもっと素直で、理解が早いようです。思想の入れ替えができるのです。

ところが、日本人は思想の入れ替えがなかなかできないのです。中国は日本よりもはるかに歴史が古いのに、人間は素直です。日本人はその真似ができないのです。

日本人は一番頑固で、へそ曲がりな民族です。日本人が存在と命が分からないというのは、致命的な欠陥です。存在と命が分からないものが、神や仏を信じて何になるのでしょうか。

日本人が考える神や仏は皆人間が造った概念であって、存在と命が分からずに、神仏というのが間違っているのです。

生まれながらに目が見えない人がいました。この人が四十歳位になって、目が開いたとします。今まで手で触って認識していたのですが、四十歳になって目が開いても、まだ触って認識しているのです。

目が開いたのですから、見たらすぐに分かるのに、目で見ていることが信じられないのです。こういうことを人間は皆しているのです。

人間の常識が皆様のハートにこびりついているのです。これが肉の思いです。生まれながらに目が見えない人は、手で触っていろいろなものを認識していたのです。手で触って確認するという観念が牢固としてあるために、目が開いても、まだ手で触って確認しているのです。ただ見ているだけでは信じられないからです。手で触って初めて確認できるのです。皆様はこういうことをしているのです。

現世に長く生きていたために、自分の観念や概念で自分なりにこの世に生きているという感覚で見ることが、皆様方の習慣になってしまっているのです。こういう見方が皆様の命になってしまっているのですが、これは本当の命ではないのです。

これは皆様が四十年、五十年とこの世に生きていた命です。本当の命ではないのです。命というのは、皆様がこの世で四十年、五十年と経験したものではないのです。

命は自分で造ったものではありません。自分で造れるはずがないのです。自分が生まれたいと思って生まれたのではないのに、現在の今がどうして自分の命だと思えるのでしょうか。これはただ習慣でそう思っているのです。

人間は百人が百人、千人が千人共、自分が生きていると思っています。この世の習慣でそう思っているのです。自分の命がある。今は自分のものだという明確な証拠は何処にもありません。

ところが、人間には自分という意識が神から与えられているのです。これは人は神にかたどりて造られているからです。神にかたどりて造られなければ、神を認識することができないからです。

神の意識で造ったものを皆様に見せているのです。それを見るために人間は遣わされたのです。神が造ったものを認識すると神が分かるのです。神が分かったら死なななくなるのです。皆様は死なない命を見つけるために、この世に送られたのです。

神を認識するためには、自分という意識がなければならないのです。経験の当体、認識の当体としての性格が与えられなければ、認識することができないのです。

犬や猫には認識の身体が与えられていませんから、生きていても自分を認識することができないのです。皆様は自分が生きていることを認識することができるのです。自分という意識が与えられているからです。

しかし、自分という意識を与えられていても、自分の命ではないのです。これが分からないのです。自分という意識は自分という命を意味するものではないのです。

そこで、皆様が神を認識しますと、神の子になるのです。神を認識するのは、神の子に決まっているのです。おやじをおやじとして、はっきり認識する人間は、その親の子に決まっているのです。

神を神として認識する者は、神の子です。そこで、正確に認識するかしないかということが、皆様が死ぬか生きるかの境目になるのです。

神は絶対の自由です。永遠の命です。絶対の存在です。神は本当の存在です。本当の命です。これが分かれば死なないのです。本当の存在か、本当の命のどちらかが分かれば、もう死なないのです。

神を掴まえるために、人間は自分という意識を与えられているのです。しかし、自分という意識は自分という存在を意味するものではないのです。

こういう考え方は、ドイツ観念論にもインド哲学にも、あらゆる学問、文化概念にもありません。カントやヘーゲルには全然分からなかったことをお話ししているのです。従って、日本では未だかつて話したことがないことを説明しているのです。

東京大学の故中村元教授も全く言わなかったことをお話ししているのです。学校の授業を受けるような気持ちで聞かないで、命を受けるという気持ちで聞いて頂きたいのです。

皆様が私の言っていることに「分かりました、なるほどそういうことですか」と答えたとします。これが空です。これが間違っているのです。

18. 色気とは何か

伊東深水の絵を見ましたが、素晴らしい女性を描いているのです。深水は女の色気だけを描いているのです。女であることを描いているのです。今の肉体を持っている女ではないのです。女の肉体を通して、女の霊だけを描いているのです。肉体の女から、女の色気を抜いているのです。これを描いているのです。

奈良大和路の写真集がありますが、大和の風物と、人間の文化とがマッチした光景が撮られているのです。そこには、神の美しさ、命の美しさがそのまま現われているのです。命を拡大するような形で景色が現われているのです。

命というのは、日本語では生になります。命を命として強調すると、艶かすになるのです。これはあることを強調しているのです。女であることを強調するとおめかしになるのです。神は神自身で、大自然が神であることを命めかしているのです。これが大和路の景色になっているのです。これが艶かしいのです。

奈良の朝ぼらけの霧がたなびいている光景に、神の艶かしさが出ているのです。そこに、塔がたっているのです。人間の文化を塔という形で現わしているのです。これは人間が人間を艶かしている姿です。

人間のめかしと、神のめかしが共存している光球が大和路に出ているのです。大自然はそういう色っぽいものです。こういう色気が出ているのが本当の女です。

女が持っている色気が女の本体です。肉体が本体ではないのです。肉体的に生きている女の色気が女の本体です。

男は女の何処に惚れるのかと言いますと、色気に魅かれるのです。ところが、色気が知らない間に欲気になってしまうのです。だから、女の肉体を欲望の対象と考えるのです。そうではない、女であることが本当の女です。伊東深水はそれを描いているのです。肉体の女ではなくて、肉体の女が持っている色気です。これを聖書的に言いますと、女の霊になるのです。色気は霊です。肉ではないのです。女の色気に魅力があるのです。

女であるそのことが、女の魅力です。伊東深水はこれを描いているのです。上村松園も女の色気を描いているのですが、伊東深水とは取り上げ方が違っているのです。

上村松園は女の立場から女を描いていますが、伊東深水は男の立場から女を描いているのです。女の色気を掴まえて引き出しているのです。

男が見ている女の色気が正確です。男が思春期に感じる色気は、欲望的なものではなくて、本質的なものです。

女であることに魅せられているのです。これは欲望ではありません。本当の恋愛です。肉体を持っていますから、肉体に関係がありますが、肉体そのものではないのです。神は男に思春期を必ず経験させるのです。これはどういうことかと言いますと、男に女であることを勉強させたいのです。

肉体を持っているのが人間だという思想を広めたのはユダヤ人です。これはユダヤ思想です。肉体を持っているのが人間ではない。生きていることが人間です。肉体を持っていても生きていなければ何もならないのです。ただの死骸です。

生きていることが人間です。これをリビングソール（living soul）と言います。リビングが人間であって、これがマン（man）になっているのです。

皆様は思春期に欲望の対象ではない女を感じたでしょう。女であることが女の霊です。これに魅かれるのです。

なぜ魅かれるのかと言いますと、男の中には女の色気のようなものがないのです。色気とは何か。男はなぜ女に魅かれるのか。それは何となく甘えられるという気持ちです。頼んだら何か聞いてもらえるような気がするのです。何でも頼めるような気がするのです。これが色気です。何でも無理が言えるような気持ちになるのです。これが色気です。

男はこれを勉強するのです。男がこれを勉強すると、何でも話が分かる柔軟な人間になるのです。女の色気を男が身につけるのです。そうすると、男は色気が霊魂に持てるのです。何でも打ち明けて話が出来るような人間になるのです。

神から見ると何でも打ち明けられる霊魂に見えるのです。何でも言えば分かる霊魂に見えるのです。こういう男になるように、神は女の色気を見せているのです。

男は女の色気を身につけることによって、神の女になるのです。イエスはこの代表的な人物です。だから、神はイエスを愛したのです。とても愛したのです。I am well pleased. というのは神の賛美の表現です（マタイによる福音書3・17）。とても気に入ったと言ったのです。神から見て色気がある人間が、本当の人間です。

自分の思想とか自分の経験とかで頑張っている人間は、さっぱり色気がないのです。この人間は馬鹿だと思えるのです。神から見て色気がある人間は、何でも話をしてくれるのです。いろいろなことを教えてくれるのです。何でも教えてくれるのです。

男が自分の好きな女に何でも話をするように、神は自分が好きな人間には何でも話をするのです。花はこのように咲かせているのだと言うのです。色気がある男になれば、神は何でも教えてくれるのです。聖書の深みまで教えてくれるのです。

生きているうちに永遠の生命を教えてくれるのです。誰でもこのようになれますから、なって頂きたいのです。人間は見てはならないこと、知ってはならないと思っていること、見てはならないけれど、知りたいことが、皆分かるのです。人間の裏表が皆分かるのです。

今までの自分の考え、経験を棚にあげたらいいのです。今までの自分の考えに拘らないで頂きたいのです。

女の中の女、女であることを掴まえるのです。男は女ではありません。女を本当に求めるのは男です。女自身が女を求めることはありません。男が女を求めているのですが、男の中に女の理想像を持っているのです。そこで、男が女になろうとすると、男が持っている理想的な女人像が出るのです。これが歌舞伎の女形の姿です。

女の説明ができないと神は分かりません。聖書は女の説明をしています。自分が女になろうとすることができるかどうかは、聖書を読みこなしているかどうかにかかっているのです。

男の中には女はないのです。ないから求めざるを得ないのです。これが女に惚れるという形になって現われているのです。

皆様の五官はすばらしいものです。神が人間の舌に合うような味を造っているのです。マグロの味、鯛の味、鮭の味はすばらしく人間の舌に合うのです。

中トロの味はすばらしくおいしいのです。これは神が人間にプロポーズしている味です。人間の味覚神経は神から見ると女性の性器になるのです。

神が人間の魂を愛しているから、いろいろな食物を造ったり、山の恵み、川の恵み、海の恵みを与えているのです。これが神と人間の魂との関係です。

神から見たら、自我意識の人間は目に入らない。霊魂だけが見えるのです。

自我意識の認識は悪魔の認識です。自分がいると思っているのは悪魔の子になっているのです。これがカルマです。このカルマを乗り越えるかどうかが問題です。

このカルマを乗り越えたら、自分に与えられている肉体という天使がその人の霊に仕えるようになるのです。

人間の肉体構造の脳の働きは、まず、肉体的な働きをするのです。肉体的な働きを脳が始めるのです。これが五官の働きです。

脳は生理機能の働きの原動力ですが、同時に精神的な働きもしているのです。生理機能の働きと心理機能の働きが脳によって統一されているのです。

人間の生理機能と植物の中に働いている生理機能は質的には同じものです。これがプラスのエネルギーです。神からの力になるのです。神からの力が皆様の生理機能になっているのです。

皆様の中には肉体的に働く細胞と、それ以外に働く細胞の両方があるのですが、それを十分に使っていないのです。今の人間の百四十億の脳細胞の五～六パーセントしか働いていない。ほとんど休んでいると言われているのです。

皆様の中には使っていない機能、遺伝子が眠っているのです。これを使うようにしたらいいのです。目が見えるのは視覚神経が働いているのです。目で見ているのと同じように、霊で見ることができなければならないのです。見るという視覚の他に、見るという事がらの真意を弁えることができるのです。

見るというのは何をしているのかということを説明する機能が、視覚機能の裏にあるはずです。これが分かりますと、花の命が見えてくるのです。

私たちは花という格好を見ているだけではなくて、花の命も見ているのです。そうすると、今生きている命がそのまま永遠の命であることが分かってくるのです。

今生きている間に、死なない命を見つけるのです。現世は即永生です。現世に生きている間にとこしえの命が掴まえられるのです。

人間の脳細胞はそういう機能を持っているに決まっているのです。生理機能と心理機能は一元的なものです。目で見るということは、心で見ることができることを示しているのです。耳で聞いていることは、心でも聞いているのです。

こういうことを掴まえようとするためには、今までの常識、記憶を問題にしないことです。極端な言い方をしますと、非常識になってしまうことです。

電車やバスに乗る時にお金を払わないということはいけないですが、こういう場合の常識はいりますが、命に関する常識をやめるのです。

そうすると、腹の立つことに腹が立たなくなるのです。善悪利害の判断が変わってしまうからです。

こういうことをするためには、神の御霊の助けがいるのです。自分の力だけではだめです。神の力の応援がないとできないのです。

神の力は万物全体を動かしてはいるが、同時に、人間の心理機能も動かしているのです。神の御霊の力を借りるのです。神の御霊に自分の心を寄せようとするのです。これを御霊を崇めるというのです。

これをしようとしない原因、また、できない原因は、今まで生きてきた自分の命に未練がありすぎるからです。今まで生きてきた自分の命に未練を持っている間は、思いきって自分の人格を変えてしまうことはできません。

それは、今まで生きてきたことに利益があったような気がしているからです。これが妄念です。今までしてきたことをこれから何年続けても、何にもならないのです。

皆様は今までいろいろと勉強して、あれが分かった、これが分かったと思っているのです。それはだめです。なぜだめかと言いますと、自分が悟ったからだめです。自分が悟った悟りというのは、神の前には一切通用しないのです。

宗教が役に立たないと私が言うのは、こういう理由によるのです。宗教は神の前には一切無効です。神の前で役に立つのは神の思想だけです。イエスをキリストとする思想だけです。イエスをキリストとする思想以外のものは絶対にだめです。

人間がこの世に生きているということがイエスです。五官と生理機能、心理機能を持ってこの世に生きていることがイエスです。これをまず認めるのです。

イエスが主であると念仏のように言ったらいいのです。イエスが主であるというのは、イエスが私の主体であるという意味です。イエスが主であるということを、訳が分かっても分からなくても、口で言うのです。

イエスが主であるというのは、自分がいないということの裏側になるのです。自分がいないというのが表であって、その裏がイエスです。自分がいなくてイエスだけになってしまうのです。

イエスが主である。自分はいないのです。これを言い続けたらいいのです。思い続けたらいいのです。

イエスはもう死を破ってしまっているのです。イエスが主であることになりますと、自分は死ぬ必要がないのです。

イエスが主であるとして自分を見ることができることを、キリストというのです。従って、キリストの中へ入ってしまうのです。

神がキリストを甦らせたことによって、人間に新しい命を与えたのです（ペテロの第一の手紙1・3）。キリスト以外の命を持っていても、神の前には一切通用しません。

皆様が今まで生きてきた命は、無くなったほうがいいのです。そうすると、キリストの命が自分のものになるからです。

自分の命があると思っている間はだめです。自分の命があると思っている間は死ぬのです。これは阿弥陀如来の念仏と同じことです。原理的にイエスと同じですが、阿弥陀如来の方は、歴史的な裏付けがないのです。イエスの方は歴史的な裏付けがあるのです。

歴史的な裏付けがないものは、信じてもただの宗教観念になるだけです。歴史的な裏付けがあるものは、宗教ではなくて実体です。阿弥陀如来とイエスとは、ここが違うのです。

「何事のおはしますかは知らねども　かたじけなさに涙こぼるる」と西行が詠んでいますが、

これは間違ってはいませんけれど、何事のおはしますかは知らねどもというのでは手柄にはならないのです。

「このたびは　幣も取りあへず手向山　紅葉の錦　神のまにまに」と菅原道真が詠んでいます。紅葉の錦は神のまにまにに違いないのです。

神のまにまにとは神の性質がそのまま現われているということですが、これは神ながらと言ってもいいですし、神が共にいると言ってもいいのです。

手向山の八幡宮に参った時に、菅原道真は「このたびはお賽銭を持ってくることを忘れましたが、そのかわりに手向山の紅葉をお供えします」と言ってごまかしたのです。

幣というのは偉い人が神社へ参る時に奉納目録を書いて出すものです。念の入ったお賽銭のしかたをするのです。これが幣です。急いで来たので幣を持たずに来ました。下向山の紅葉を「紅葉の錦　神のまにまに」という所までは言っているのです。これは「何事のおはしますかは知らねども」と同じことです。

手向山の紅葉の景色は神のまにまにであるということまでは分かるのですが、その神が天地を造ったとすると、何のために天地を造ったのか、何のために人間を造ったのか、道真という男が何のためにいるのか、彼自身知らなかったのです。

菅原道真とか、釈尊の段階ではだめです。もっと上等にならないといけないのです。結局、死を破らなかったらだめです。道真は死を破ることが出来なかったのです。命が分からなかったからです。

手向山の紅葉が神のまにまにであるとすれば、私がこうして生きていることは、神以上の神でなければならないのです。皆様が今生きているということは、神のまにまにを見ることができるという命を持っているということです。

紅葉と共に神がいるとしても、それを人間が認識するのでなかったら、神の値打ちはないのです、神のまにまに紅葉があるということを、認識することによって、神が神の価値を持つようになるのです。

人間が神を認めるか認めないかによって、大変な違いができるのです。人間が神を正しく認識することによって、その人は大変な誉れを与えられるのです。これをぜひ実行して頂きたいのです。

そうすると、神と同列と言ってもいい位になるのです。元々皆様の霊魂の機能は、神にかたどりて造られたのです。イエスをキリストとして信じるだけの機能性も、ユダヤ人のために祈る位の悟り、やがて地球が完全な地球になって完成するということを見通す位の力も与えられているのです。

これが百四十億の脳細胞になっているのです。これが使われずに眠っているのです。

与えられた知恵は、生きているうちに使うのです。死んでからでは使えないのです。

百四十億の中の七十〜八十パーセント位は使って頂きたいのです。現在、五、六パーセントしか使っていないのですから、聖書が分からないと言われるのは当然です。

ただ素直になればいいのです。皆様は今までの勉強に自信があるのです。これがいけないのです。今まで自分の判断に自信がある人はいけないのです。この自信はこの世では通用しますけれど、神の前では通用しないのです。

まず皆様に知って頂きたいことは、神が天地の主宰であるということです。主宰とはどういうことかです。

例えば、神が花を咲かせているとします。花を見ることによって神を見ることができるかどうかです。何のために花を咲かせているのかということです。花を見ることができても、花を咲かせている神の心が見破れなかったらいけないのです。

自分の判断だけではいけないのです。神の心の中へ入り込んでしまわないといけないのです。ですから、御霊を受けて頂きたいのです。皆様はこの世を去ってから、本当の仕事をするのです。これはこの世の社長や国会議員くらいのものではありません。

死んでから後に通用する命を掴まえるのです。神が地球を造った目的の中に、皆様が死んでからの命が織り込まれているのです。現在の物理的な地球はやがて消えますが、その後に荘厳な地球ができるのです。

アラブとイスラエルが喧嘩をしているこの世界、アメリカと中国と喧嘩している世界、資源や食料を奪いあっている世界は、やがて消えていきます。そして、復活して第三の天にいるキリストが歴史の中へ割り込んでくるのです。死なない命の当体であるキリストが割り込んでくるのです。私たちはこのために祈っているのです。

19. 天知る、地知る、我知る、人知る

後漢書楊震伝に、「天知る、地知る、我知る、人知る」という言葉があります。誰も知らないだろうと思っていても、天地の神は知っている。人も知っている。自分の間違いを自分が知っているのです。だから、実行して頂きたいのです。

皆様が命の勉強をしたいと思うのは、実にすばらしいことです。しかし、人並はずれた精進を持っている皆様方でも、現世に生きているということが、皆様にとって、大変なハンディキャップになっているのです。

宗教ではない般若心経という命題を見れば分かると思いますが、般若波羅蜜多というのは、彼岸へ渡る明智のことです。上智のことです。現世にいる人間の知恵ではないのです。

般若波羅蜜多ということが、皆様がこの世に生まれてきた目的です。この場合の皆様という言い方は、ユダヤ人以外の一般人を指しているのです。皆様はこの世に生まれてきたのですが、目的を持たずに生まれてきたのです。目的を持たずに生まれたので、何のために生きているのか分からないのです。

国は国、民族は民族のしきたりがあるのです。それを教えと言っていますが、民族の教えとかしきたりということが、人間のただの情報です。本質的に言いますと、人間の情報でしかないのです。

しかも、この情報は死んでいった人間が造り上げた情報です。死んでいった人間によって考えられた概念です。この概念が情報になっているのです。

仏教とか、儒教とか、神道とか、いろいろな概念が日本にありますが、皆概念にすぎないのです。

仏教の実体、実質は何であるのかと言いますと、実は分からないのです。般若波羅蜜多という言い方をしますと、実は仏教の実体を否認するようなことになるのです。

般若波羅蜜多というのは、彼岸へ渡る知恵のことであって、この世の知恵ではないのです。波羅蜜多というのは、現世のこととは違うのです。現世を後にして彼岸へ渡ることが、般若という知恵、上智です。

ところが、現世にいる人間がしているのです。これは愚かなことです。現世に生きているままの人間が勉強していることが間違っているのです。

もちろん、現世にいる人間が初めに勉強するのは当たり前です。現世にいる人間が彼岸へ渡ろうと考えて、般若心経を勉強することは結構ですが、いくら勉強しても勉強しても、彼岸に渡らずに勉強している。三十年、五十年、勉強しても彼岸へ渡らずにいるのが現状です。だから、般若波羅蜜多という言葉が全く分かっていないのです。

人間は彼岸へ渡る知恵を神から与えられていながら、彼岸に渡らずに現世で頑張っている。これはなかなか見事なものです。般若心経を勉強し始めてから、三十年も四十年も現世で頑張っているというのは、なかなか見事なものです。これはかなり耐久力があると言わなければならないのです。そうして、写経したりして後生安楽になりたいと考えている。こういう愚かなことを日本人はしているのです。

こういうことになる原因は何かと言いますと、人間と魂が別だということが分かっていないからです。日本に人間と魂とをはっきり分けて説明できる人は、一人もいないでしょう。

大体、大乗仏教には魂という考え方がないのです。一万七千六百巻という膨大な大乗仏典の中に、魂という言葉が一字もないのです。これはおかしいことです。般若波羅蜜多と言いながら、彼岸へ誰が行くのかということが分からないのです。

向こう岸へ行くのは誰かが分からないのです。分からないままで、仏典を勉強しているのです。

般若心経には観自在菩薩と最初から書いているのです。魂というのは、観自在の原形になるのです。または、観世音の原形になるのです。

魂が正確に捉えられたら、観自在になるのです。ところが、日本人の頭には魂という言葉が正確に理解されていないのです。武士の魂とか、大和魂とか、農民魂という言葉はありますが、こういう言葉で騙されているのです。

結局、魂が分からないのです。分からないので、観自在すること、観世音することの意味が分からないのです。

皆様は目で見ていると思っています。見ているのではなくて、光線が目に当たって反射して目の網膜に映っているだけです。この状態を魂というのです。字を書く能力、生態の原理、五官の働きの実体が魂です。

こういうことが分からないままで、いくら般若心経を読んでもだめです。分かるはずがないのです。ところが、日本の仏教家は分かったようなことを言っているのです。日本の仏教のお坊さんで、本当の空が分かっている人は一人もいません。もし本当に空が分かっていたら、伽監仏教が成立するはずがないのです。仏教商売ができるはずがないのです。仏教という営業が成り立つはずがないのです。

仏教という営業が成り立っていることが、魂が分かってない、空が分かっていないことを証明しているのです。

空というのは宗教ではありません。信心ということが空です。日本の仏教で考えている信心では、観自在が成立しないのです。信じるという心が五蘊です。日本の仏教が五蘊です。キリスト教も五蘊です。聖書や般若心経を、本気になって勉強していないのです。

そこで、私たちがこういうことを言わなければならなくなったのです。余計なお世話と言われるかもしれませんが、こういうことを言わなければならないのです。

皆様が生きているということが魂です。英語で言いますと、living soul になるのです。これが人間存在の質体になるのです。人間の実質の状態です。質体という言葉は使わないかもしれませんが、人間の実質、実体です。これが魂です。

人間というのは、市役所の戸籍台帳に登録されているものです。固有名詞、自我意識で生きているものです。やがて、死んでいくに決まっているのが人間です。肉体という形態を持っているのです。魂は理性と良心という心理機能を持ち、五官を与えられた人間の実質です。この区別がつかなければ、般若波羅蜜多といくら言ってもだめです。

人間は必ず死ぬに決まっているのです。必ず死ぬのです。人間はただの形態です。生あるものは必ず死ぬ。形あるものは必ず壊れるのです。「人間五十年、下天のうちをくらぶれば、夢幻の如くなり」という幸若舞の「敦盛」の一節があります。

皆様は無限のうちに生きているのです。これを自分だと思っているために、皆様の精神状態はいつも夢幻のうちにあるのです。

世界の軍備縮小の話がまとまらないのも、選挙で血眼になって走り廻るのも、無理のない話です。現在の人間の心理状態では、核兵器廃絶は絶対にできないのです。

何らかの形で人間の意識を転換することができなければ、超大国間の相互不信は絶対に消えません。従って、軍縮とか、核兵器廃絶というほうがおかしいのです。

そういうことを話し合うよりも、人間と魂とどちらが実体なのかを考えたらいいのです。人間という場に立っている間は、お互いに騙し合い、警戒しあいながら付きあっているのです。夫婦でも、兄弟でも、親子でもそうです。

現世では、人間は不信と不安で生きていますが、実は人間はいないのです。魂が実体です。魂が分からないから、人間を自分だと思い込んでいるのです。

魂は質体であって、その本質は命です。生きている事がらが魂です。その本質は命です。魂で生きている人の精神状態は平安です。安心です。

長年、般若心経と聖書を真剣に勉強している人でも、頭で分かっても、ハートの状態が本当に魂になり切っているかというと、なかなか難しいのです。

こういうことは一回か二回分かってもだめです。毎日、毎日、新しく確認して、これを自分自身の魂に言い続ける必要があるのです。この世にいる間は、猛烈な戦いを継続していかなければいけない。人間はいない、魂が実体だと言い続けなければならないのです。

猛烈な戦いをしているなら、平安はないと思われるかもしれませんが、平安があるから戦えるのです。平安がない人は戦えないのです。

魂が実体だということが分かっているだけで、非常に大きい平安があるのです。私はこの平安を持ち続けるために、持って生まれた業《ごう》と毎日戦っているのです。

この戦いは勝つに決まっている戦いです。だから、どんなに戦いが激しくても、やる気になればできるのです。

皆様の質体が魂だと言いましたが、皆様が生きている状態をよくよく見て頂きたいのです。生きているとはどういうことなのか。例えば、お茶を飲めばお茶の味が分かります。味が分かるというのはどういうことでしょうか。これが魂の働きです。皆様はお茶の味を誰かに教えられたことがあるのでしょうか。

お茶の入れ方は習ったでしょう。お湯を沸かして、急須にお茶の葉を入れて、お湯を注ぐということは習ったでしょう。しかし、味というものについては、習っていないのです。皆様が生まれた時に、既に味覚を持っていたのです。

例えば、生まれたばかりの赤ちゃんは母親の乳首に吸い付いて、おっぱいを吸うのです。おっぱいの味を知っているから、おいしそうに飲むのです。哺乳瓶においしくない飲料を入れて与えても、すぐに吐き出してしまうのです。

赤ちゃんは母親のお乳をおいしそうに飲むのです。おっぱいの味を知っているから、おいしそうに飲むのです。赤ちゃんはおっぱいの味を誰から教えられたのでしょうか。母親が教え込んだ訳でもないのに、おっぱいの味を知っているのです。これを魂というのです。

皆様は花を見るときれいだと思います。きれいとはどういうことでしょうか。きれいという意味を皆様は誰かに習ったことがあるのでしょうか。ところが、皆様はきれいなものをきれいというのです。こういう状態を魂というのです。

皆様の五官の本質が魂です。皆様が生きているということは、魂が生きているのです。人間が生きているのではないのです。食べるとか、見るとか、聞くとはというのはどういうことか。

例えば味というのは、目に見えないものを味わっているのです。不可視世界のことを信じているのです。

味というのは不可視世界のものです。また、香りというものも同様です。皆様は目に見えない世界を経験しているのです。これを霊というのです。これが本当の霊です。霊媒の霊とは違います。心霊科学でいう霊は巫女の口寄せの霊であって、味や香りとは全然違うのです。

霊媒の霊、心霊科学の霊、新興宗教の霊は、人間の妄念が生み出した妄想です。今の日本では新興宗教がたくさん流行っています。守護の霊ということをいうのですが、これは皆安物の霊です。

例え、守護の霊があったとしても、命は分からないのです。守護の霊を二十知っていても、三十知っていても、皆様の命の実体は全く分からないのです。守護の霊を信じれば信じるほど、本当の霊が分からなくなるのです。彼岸へ渡れなくなるのです。

彼岸へ渡れないように仕向けているのが新興宗教です、不可視世界のことが本当の霊であって、これは新興宗教の霊とは違うのです。

この霊が皆様の命の本質です。命の本質は目が開かれることです。これを観自在菩薩というのです。または、観世音菩薩というのです。

20. 此岸と彼岸

般若心経の主題は空です。これは般若心経だけでなくて、仏法全体の主要テーマです。仏法というのは仏陀の法でありまして、仏陀という言葉は正覚、または正覚者を意味するのです。

「仏とは　誰が言いにけん白玉の　糸の縺れを　ほとくなりけり」という道歌があります。仏とはほとくことです。人間の人生をほどいていくのです、これが仏です、これが悟りの中心命題になります。

これは死んでから浄土参りをすることではない。加持祈祷をすることでもない。仏教には加持祈祷も他力本願もありますけれど、第一義とする所が、正覚です。正しい悟りです。

釈尊が悟りを開かれた。釈尊牟尼仏となられた。釈尊という一人の人物が、釈尊牟尼仏となった。悟ったのです。そこから仏法が展開してきているのです。

現在仏教には真言密教のようなものがあります。他力本願のようなものもあり、禅宗もあります。禅宗にもいろいろあります。結局釈尊が悟りを開かれたことが、仏法の根本的な大原則になっているのです。これが仏法の中心であります。

従って、般若心経に書かれている色即是空という考え方、また究竟涅槃という考え方が仏法の中心をなすテーマになるのです。

現在、般若心経はずいぶん広く用いられています。神道でも般若心経を説いている人はずいぶん沢山いるのです。仏法でも、他力本願の人々は、般若心経を読む方は相当いるのです。ほとんど各宗派を通じて般若心経を読まない人はめずらしいと言えるのです。

日本人は般若心経が性に合っているのか、何かのしきたりかもしれませんが、とにかく般若心経を好んで読んでいるのです。婦人会の集まりで般若心経を用いている所もあります。青年団の集まりでも用いている所があるのです。

それほど般若心経と心安くしていながら、本当の空が分かっているかと言いますと、全く分かっていないのです、全然分かっていないのです。

世界的に言っても、日本人ほど般若心経を好んでいる民は少ないのです。インド、タイ、ミャンマーには仏教はありますけれど、日本ほど般若心経を用いている国はどこにもありません。

ミャンマーやタイの仏教は、般若心経には関係ないのです。大体、儀式仏教でありまして、いわゆる伽藍仏教です。日本のように哲理を重んじるという風潮はほとんど見られません。ところが日本では哲理を重んじていて、般若心経を非常に重宝しています。般若心経を重宝していますけれど、般若心経の思想を全く問題にしていない状態です。これは妙な話です。

色即是空というのは、物象的に存在するもの、現象的に存在するものは、全く実体がないものだと言っているのです、物象的現象は実体がないと言っているのです、実体がないからこそ、物象的現象であるのだということになるのです。

色即是空、空即是色というのはそういうことです。実体がないからこそ物的現象であるのだと言っているが、これは一体どういうことなのか。物質的現象は実体がないということは、物理学の常識でも分かるのです。理屈でも分かるのです。

ところが実体がないものがなぜ物質的現象になって現われているのかということです。これが分からないのです。色即是空は分かるけれど、空即是色の方がさっぱり分からないのです。

般若心経は広く用いられていますけれど、本意が闡明されていないのです。般若心経の冒頭には観自在菩薩が深般若波羅蜜多を行じた時に、五蘊が皆空であると照見して一切の苦厄を度したもうたとあります。

五蘊皆空というのは人間が今見ている世界、感じている世界、考えている世界、行っている世界が全部空っぽだと言っているのです。

そこで皆様に考えて頂きたいのですが、六十年、七十年とこの世に生きていたのですが、今まで何をしていたのでしょうか。何のために生きていたのかということです。

六十年、七十年の人生を振り返ってみると、商売をしたり、お勤めをしたりしていた。それで家庭を支えてきた。子供を育ててきた。それで終わりです。

人間は何を頼りにして生きているのでしょうか。皆様は何を頼りに生きているのでしょうか。国を頼りにしているかもしれませんが、国はいつかなくなるかもしれないのです。民族、社会もなくなるかもしれません。

国とか民族だけでなくて、世界全体に人間が住めなくなる時が来るのです。人間文明が地球上から消えてしまう時が必ず来るのです。これは早いか遅いかの違いがあるだけです。

学者は今から百億年もしたら地球が凍結するかもしれないと言っています。百億年もしたらというのは、非常に未練がましい言い方です。これから百億年もせいぜい長生きをしてみたいという言い方です。地球上でだらだらと生きていたいという気持ちがあるでしょうけれど、百億年後になくなるということは、一万年後になくなると言っても同じことです。百億年というのはただの言葉の遊技です。これは非常に悪い学問的な遊技です。

百億年であろうと一万年であろうと同じことです。要するに、地球はだめになるに決まっているのです。

だから国のためとか、社会のためと考えても、国とか社会がいつまで存在するのか分からないのです。そこで、般若心経の色即是空という思想を、私たちは好むと好まざるとに係わらず、承認しない訳にはいかないのです。

只今の人間文明はでたらめです。全くでたらめです。ただ生活のことばかりを考えているのです。生命のことを全く考えないのです。これが白人文明の徹底的な悪さです。

物質文明は生活文明ではありますが、精神文明ではないのです。

そこでもう一度皆様に考えて頂きたいことは、皆様が今日まで何をして来たのか、何のために生きていたのかということです。

率直に、正直に、平明に考えますと、般若心経の思想の偉大さがお分かり頂けると思います。自分自身の生活が全く空であったということです。

一家の主人は家族を養ってきたと偉そうなことを言いますが、それは世間様に養ってもらっていたから、月給がもらえたのであって、自分が偉かったのではないのです。自分だけの力でしたのではないのです。

食べることくらいのことなら、犬や猫でもするのです。犬や猫でも食べ物を捜してくるのです。人間のやり方は商売をするとか、お勤めをするとか、上品な格好で稼ぐだけのことです。これは生物として当たり前のことをしているのです。働いて生活をするのは当然のことです。働かないで稼がない方が間違っているのです。当たり前のことを当たり前にして、それが誉れになる訳ではないのです。

人間とは何かということをはっきり考えようとしないで生きていることが、無明煩悩の世界に生きていることを意味しているのです。

現在皆様は生きています。生まれながらの人間が生きているというのは、本当の命の生活をしているのではありません。生きてはいるけれども命が分からないのです。命をはっきり知らないのです。こういう状態で生きていることは、本当に生きているのではなくて、仮に生きているのです。本番ではなくて仮に生きているのです。

そこで仮に生きている間に、人間とは何であるかをはっきり確かめて成仏した者は、ノルマを果たしたことになるのです。人間とは何かがはっきりと分かって、自分自身を完成した者は、仏として取り扱われるのです。仏というのは拝むべきものではなくて、自分がなるべきものです。

釈尊は自分が仏になったのです。仏となった人を日本人は拝んでいるのです。拝みたい人は拝んでもいいのですが、仏を拝むのは仏になることへの手引きです。ただ仏を拝んでいただけで良いということではないのです。

皆様にぜひお勧めしたいことは、人間完成ということです。人間形成ではなくて、人間完成です。現在の学校では人間形成ということには熱心ですが、人間完成を誰も言いません。

これを聖書では「新に生まれる」と言っているのです(ヨハネによる福音書3・3)。死んでから天国へ行きたいと考えている人はずいぶんいますけれど、本当に新しく生まれている人はめったにいないのです。

般若心経を読んでいる人が般若心経を知らないのです。聖書を読んでいる人が聖書を知らないのです。こんなばかなことがあっていいのかと言いたいのです。全くばかげているのです。

文明もばかげていますけれど、宗教もばかげているのです。

新に生まれたら神の国を見ることができると、イエスが断言しています。新に生まれたと信じますと言って頑張っている人はいますけれど、本当に新に生まれて神の国をはっきり見ている人はいないのです。

こういうことは神の前には通用しない信仰です。般若心経を読んでいながら般若心経を知らない。聖書を読んでいながら聖書を知らない。なぜこんなことになったのかと言いますと、般若心経は仏教の指導者の手に任されてしまった。聖書はキリスト教の指導者の手に任されてしまったからです。

キリスト教の牧師さんは聖書の講義をする者、お寺のお坊さんが般若心経の講義をする者となっているからです。これが間違っているのです。

般若心経や聖書は専門家が読むべきものではありません。大体、般若心経の専門家とか、聖書の専門家という者があってはならないのです。釈尊は素人でした。イエスも素人でした。専門家ではなかったのです。

釈尊は釈迦族の皇太子でした。仏教の玄人ではありませんでした。この人が修行をして悟りを開いたのです。イエスはナザレ村の大工の青年でした。大工の青年が神を信じて神に生きることを証明したのです。

このように、釈尊もイエスも両方とも素人でした。今の牧師さんやお坊さんは玄人です。宗教で食べているからです。こういう人が般若心経を押さえ込んで生活しているのです。こういうことをしていますから、般若心経も聖書も間違って解釈してしまうことになっているのです。

私たちは専門家の手から、そして、宗教家の手から、般若心経を奪い返すべきです。キリスト教の牧師さんの手から聖書を奪い返すべきだと考えるのです。イエスが聖書を信じたように、釈尊が悟りを開いたように、私たちも悟りを開くべきです。これが私が言いたい所です。

専門家の手から般若心経と聖書を奪い返すべきです。奪い返すと言っても、彼らが読んでいるのは勝手ですけれど、専門家だけに講釈を委ねておくべきではないと考えているのです。

私たち自身が素人の目で、素人の心で、率直な感覚で聖書や般若心経を学ぶべきではないかと考えて、その提案をしているのです。

皆様に般若心経の空の実体をできるだけ細かくご説明したい。聖書にあるところの永遠の生命とは一体何であるか、神とは何か、人間とは何かということを、はっきり申し上げたいのです。皆様に永遠の生命の実物を、差し上げたいと思っているのです。

これは死んでから天国へ行くという話とは違います。現在目の黒いうちに、生きている現在の状態において、永遠の生命の実物が、はっきり皆様のものになるということをお話ししたいのです
人間は現世に生きているだけが人生ではないのです。死後の世界があるのです。死んだら終わりだと盛んに言う人がいます。国学院大学を卒業して神主を長くしている人が、人間は死んだらそれでしまいだと言っているのです。死んだことのない人が何を言っているのかと言いたいのです。

私たちが現在生きている状態の裏に死が張り付いているのです。今皆様の心臓が動いていますけれど、心臓が動いているというままの状態で、死が張り付いているのです。

永平寺のご開山の道元禅師が、「生を諦め死を諦めるは仏家一大事の因縁なり。生死の中に仏あれば生死なし。但生死即ち涅槃と心得て、生死として厭うべきもなく、涅槃として欣うべきもなし。是時初めて生死を離るる分あり」と修証義の中で述べています。

現世のことを生死《しょうじ》と言っているのです。人間が生きている状態を生死と言っているのです。

現在皆様が生きている状態を、道元禅師は生死という言葉で現わしているのです。生きているということと死ぬということとは、一つのことだと言っているのです。生きることと死ぬことは一セットだと言うのです。これが人生というものです。このように考えたらいいのです。

生きているという状態と、死ぬということを二つ合わせて人生になるのです。現世と来世を二つ合わせて人生だと言うのです。道元禅師はこのように考えていたのです。私もそう考えているのです。そのとおりだからです。

現在皆様は生きていますが、瞬間、瞬間、死に向かって近づいているのです。死ぬ時がだんだん近寄っているのです。生きつつあるということは、死につつあるということです。

阿吽の呼吸と言います。息を吸ったり吐いたりすることです。息を吸ったり吐いたりすることは生きたり死んだりしているのです。私たちが現在生きているという状態の中で既に死が明確に認められるのです。

だから、死んでしまったら何もないということは絶対にないのです。

現世はあまりにも不公平すぎます。あまりにも矛盾が多すぎるのです。でたらめです。でたらめな現世、でたらめな人生はどこかで必ずバランスされなければならないのです。絶対にそういう時が来るに決まっているのです。それがいつどこでどのようにバランスされるのかということです。こういうことを究明することが、本当の人生です。

結婚とは何でしょうか。結婚とは何かを知って結婚している人がいるでしょうか。でたらめに結婚しているのです。親子とは何か。夫婦とは何か。貞操とは何か。こういうことを全然知ろうとしていないのです。

現在の文明は全くでたらめです。生活のことは考えますが、生命のことは全く考えない無責任極まる文明です。こういう文明から脱却して人生をはっきり見つめていかなければいけないのです。

私たちは生きているうちに永遠の生命の実物を掴まえることができるのです。イエスが掴まえたように、釈尊が悟ったように、私たち自身も彼らと同じように宇宙の真理を捉えることができるのです。

皆様は現在、現世に生きているのですが、現世に生きている命が、死ななければならない命だということを、自分でよく知っているはずです。

今生きている命が死ななければならない命だということを、百人が百人、千人が千人共承知しているのです。現世に生きているということは、死ななければならない命を生きているということはよくご存知です。ところが、現世に生きている命が本当の命だと思い込んでいるのです。これがおかしいのです。

死ななければならないことが分からない人なら、現世に生きている命が本当の命だと考えても、しかたがないのです。

犬や猫は現世の命が本当の命だと多分思っているでしょう。死ななければならないと思っていないからです。犬や猫には死がありません。犬や猫が走り回っていますが、やがて動かなくなることはあります。これは死ぬのではないのです。生きている命の状態がなくなるだけです。走ったり食べたりすることがなくなるだけなのです。これは死ぬのではなくて、生きているという状態が消えてしまうだけです。

人間の場合ははっきり死ぬのです。人間が生きているのは命を心得て生きているのです。生命意識があるのです。人間は生命意識を持って生きているのです。

理性と良心が人間の中心になって働いていますが、人間は自分が生きていること、また他人が生きていること、天地自然が生きていることを知っているのです。花が生きていることを知っているのです。だから、花を整えて花器にさして飾ることを、生花というのです。活けるというのは花を生かすことです。

そのように人間は命を知っているのです。知っているから花を活かすことができるのです。命を知っている者がこの世を去ってしまいますと、死ぬことになるのです。犬や猫は命を知らないのです。この世を去っても死んだことにはならないのです。

人間は命を知っています。そこで、この世を去ると死ぬことになるのです。生きているうちに、命とはどういうものかを心得て、本当の命を受け止めてしまいますと、死ななくなるのです。般若波羅蜜多というのはそれを言っているのです。

般若というのは何か。般若の面のことではなくて、上等の知恵、上智のことです。常識ではない上等の知恵を指すのです。高等の知恵で、仏典では阿頼耶識《あらやしき》とも言います。

唯物論でいう阿頼耶識は普通の常識ではない高級な知恵をいうのです。

普通では分からない、人間の常識では分からない知恵を持って考えると、向こう岸へ渡ることができると言っているのです。

21. 宗教を徹底的に攻撃したイエス

イエスは宗教が大嫌いでした。宗教を蛇蝎のように攻撃したのです。そこでイエスは宗教家に殺されたのです。

宗教家は真理を述べる者を非常に嫌うのです。宗教家は私のことを気違いだと言うでしょう。悪魔だというのです。

私は自分の思想を述べているのではありません。イエスの思想をそのまま述べているのです。だから、宗教家に殺されかねないのです。

日本には宗教に熱心な人がいませんから、生きていられるのです。日本の仏教は皆半死のものです。日本のキリスト教も半分死んでいます。だから、私につっかかってくるような馬力のある人はいないのです。

ところが、イエスの時代はそうではなかったのです。イエスの時代のユダヤは宗教国家でした。その真ん中でイエスは宗教の悪口を言ったのです。ぼろくそに言ったのです。そうして、とうとう宗教家に殺されたのです。

イエスは宗教家に殺されたのです。宗教家に憎まれ殺されたイエスを、現在のキリスト教はご開山として祀っているのです。宗教はこういうおかしなことをしているのです。

宗教家にとことん憎まれたイエスを、キリスト教のご開山として崇めているのです。イエス・キリスト様として祀っているのです。もしイエスがもう一度やって来たら、牧師を掴まえて叱りつけるに決まっているのです。

キリスト教はイエス・キリストの名によって商売をしているのです。「仏は法を売り、祖師は仏を売り、末世の僧は経を売る。遊女は五尺の身体を売って、一切の衆生の煩悩を安んず。柳は緑、花は紅の色いろ香、池の面に月は夜な夜な通えども、水も濁さず、影も止めず」と一休禅師が言っているのです。

仏さんはダルマ（法）を売っている。親鸞とか道元、日蓮たちお祖師さんは仏を売っている。末世の僧はお祖師さんを売っていると言っているのです。これはひどい言い方かもしれませんが、本当のことです。

私は宗教も尊敬すべき点があると思います。建物が立派なことです。国宝級の建物があるのです。もし仏教がなかったら、善光寺の本堂、中尊寺金色堂、円覚寺舎利殿、日光東照宮、明通寺、瑞巌寺といった国宝級の建築物は建立されなかったでしょう。

こういうものは芸術的価値に尊敬する価値があると思いますが、精神的に価値があると言っているのではないのです。ことに仏教は天地の創造ということを考えないのです。造化を考えないのです。造化の主を考えないのです。

地水火風という四つの元素があって、これが組み合わさって地球ができているというのです。宇宙は無始無終であって、初めもないし終わりもないというのです。

創造ということを考えません。万物は造られたものではなくて、初めからあったもので、終わりまであると考えるのです。ところが、科学的には地球が四十五億年前に誕生したことが証明されているのです。

形あるものは必ず壊れるに決まっているのです。また、地球がなくなることも証明できるのです。地球に人間が住まなくなる時が来るに決まっているのです。地球はいつかだめになるのです。従って、国も社会も滅びてなくなるのです。人間の文明もすっかり跡形もなく消えてしまうに決まっているのです。仏教はこういう終末を考えないのです。終末論がありません。

彌勒という思想がありますが、これは終末ということとは違うのです。仏教には宇宙の原理となるべきもの、宇宙の大元となるべきものがはっきりしていないのです。

大日如来という思想もありますけど、これは釈尊以後にできた思想です。釈尊が述べた思想ではないのです。これは密教思想でありまして、顕教にはこういう思想はありません。

大日如来、毘盧遮那仏《びるしゃなぶつ》は造化の主と似たような所はありますけど、聖書の天地創造の神とは全然違うのです。

地球が存在する以上は地球が造られたことがなければならないのです。造られなければ現在存在しているはずがないのです。

原因がなければ結果が発生するはずがないのです。何かの形で造られたから地球が存在しているのです。

存在している地球はやがてなくなるに決まっているのです。そうすると、地球はなぜ存在しているのか。人間がなぜ造られたのかということを考えなければならないのです。こういうことは仏教では一切説明ができないのです。ここに仏教の欠陥があるのです。

般若心経だけでは人生の本当の意味が分からないのです。般若心経の空という思想は非常に良い思想です。聖書にはない思想です。この点は般若心経に大いに学ぶべき点だと思います。

本来空というのは非常に優れた思想です。五蘊皆空は本当です。現在の人間の常識も、知識も、社会生活も、地球自身でさえもやがて空になってしまうのです。五蘊皆空というのは厳然たる事実です。

聖書はそういう言い方をしていません。地球がやがて滅びることははっきり書いていますが、空という言い方をしていません。本来、空という言い方は、端的で、日本人向きで大変良いと思います。だから般若心経を学ぶことはとても良いと思います。これは仏教を学ぶことにはならないのです。般若心経は釈尊自身の悟りであって、釈尊は宗教家ではなかったのです。今のお坊さんとは違います。王国の皇太子でした。宗教の素人です。イエスも素人です。イエスはナザレの大工の青年でした。

大工の青年とか王国の皇太子という全くの素人が本当の真理を発見し、主張しているのです。だから、般若心経を仏教と考えてはいけないのです。聖書をキリスト教と考えてはいけないのです。こういう考え方をするから、本当のことが分からないのです。

仏典にない所が聖書にあるのです。聖書にない所が仏典にあるのです。般若心経と聖書を組み合わせますと、本当のことが分かるのです。般若心経は一切空と言っていますが、皆様が現在生きているという事実があるのです。地球が回っているという事実があるのです。これは空であると言って片付けておけないのです。

空ではない事実があるのです。お腹がすいてご飯を食べたいという事実があるのです。本来空と言ってもお腹がすくのです。

人間は現存しているのです。これは空と言ってすまされない問題です。そうすると、空ではない実体がどこかになければならないのです。私たちが現在生きている状態が空であるとしても、空ではない実体がどこかになければならないのです。これをイエスは神の国（彼岸）と言っているのです。

神の国は目には見えませんが、人間の霊において感じることができる国です。例えば、皆様は現世に生まれました。男は男として、女は女として生まれました。これは誰のせいでしょうか。

生まれたいと思って生まれた人はいないでしょう。死にたいと思って死ぬのではありません。生まれてきた、死んでいくという事実があります。一体誰が支配しているのでしょうか。

人間にはどうにもならない事実があるのです。このような事実を、聖書は神と言っているのです。これは当たり前のことです。神というのが嫌なら、絶対でもいいでしょう。こういうものがあるのです。

地球は現在回っているのです。人間が回しているのではありません。地球が回っている事実を本来空と言ってすましている訳にはいかないのです。地球が回っているという原理をどこで見つけるかです。これは科学では説明できません。哲学ではもちろん説明できないのです。

聖書を見なければ、天地創造の事実は絶対に分かりません。人間創造の原理は聖書以外に書いていないのです。そこで般若心経の空を前編として、聖書の神の国を後編として見るのです。釈尊を前編とし、イエスを後編として学ぶのです。そうすると、本当の意味での人間存在の価値が分かるのです。

人間は現世に生まれてきたのですが、これは責任を持たせられたということです。

人間は自分の意志によって生まれたのではありません。従って、自分の人生を自分の気持ちだけで生きていてもよいということにはならないのです。これは非常に簡単なことですが、この簡単なことが自我意識に妨げられて分からないのです。誰も皆誤解しているのです。

人間は自分の意志によって生まれてきたのではありません。従って、命や人生は自分自身の持ち物ではないのです。自分自身の持ち物ではないとしたら、この人生を自分の欲望に従って、自分自身の考えに従って勝手に生きていればよいというものではありません。

道元禅師が、「受け難き人身を受け」と言っていますが、これは天意によるものであって、人意によるものではないのです。従って、人間の文明は本来人意に従って構成されるべきものではなく、天意が何であるかを弁えて、天意に従って人間文明の基本的な構想が立てられなければならないものです。ルネッサンス以降の文明は、人間の欲望と人間の自尊心と、人間の自惚れが中心になって構成されているのです。

文明は英語ではシビリゼーション（civilization）と言っていますが、これは市民生活とか、公民の暮らしという意味になるのです。現世で人間が生活することが文明の目的になっているのです。

学問も政治も経済もすべて生活一辺倒の考え方で成立しているのです。これが間違っているのです。

人間は死ぬと考えているのですから、人間としての責任を自覚しないままでただ生を楽しんでいるということは、人生を私物化している感覚になるのです。これは人生の本質を冒涜していることになるのです。

基本的人権と言いますが、基本的というのはどこから来たのか、人間とは何であるのかを十分に究明しないで、基本的人権と主張しているのです。これが間違っているのです。

22. 人間はなぜ死ぬのか

人間はなぜ死ぬのか。考え違いをしているから死ぬのです。生き方が間違っているから死ぬのです。正しい生き方をしたら死なないのが当たり前です。

命というのは死なないものです。死ぬに決まっているものは命とは言えないのです。現在の人間は生きてはいるけれども、命の本物を知らないのです。こういう状態です。こういう人間が基本的人権と言っているのです。これはまるで狂人が刃物を振り回しているようなことになるのです。これは危険なことです。

現代では人権という言葉が、神様という言葉に置き換えられているのです。自分が世界で一番偉いと考えているからです。

現在の人間は現象を実体と考えて、常識、知識を形成しているのです。ところが、現象は実体ではないのです。生あるものは必ず死ぬのです。形あるものは必ず壊れるのです。形あるものは必ず壊れるから、現象は実体ではないのです。

現在の物質現象は甚だ不完全なものです。人間自身も不完全なものです。不完全な人間が不完全な地球に住んでいるのに、人間は完全だと勝手に自惚れているのです。人間はこういう間違いをしているのです。

この間違いに気付いて、人生を冷静に見る必要があるのです。そのためには、般若心経の五蘊皆空を、はっきり捉える必要があるのです。

般若心経は単なる思想であってはいけないのです。悟りでなければならないのです。悟りと思想とは違うのです。釈尊は自分の中にある仏性に従って悟りを開いたのです。そこで、般若心経は観自在菩薩が悟ったと書いているのです。

釈尊は自分が悟ったと言わないで、観自在菩薩が悟ったと言っているのです。人間の悟りではなくて、観音さんの悟りです。こういう言い方を般若心経はしているのです。

自分自身の中にある仏性によって悟りを開いたのです。仏性は皆様の中にもあるのです。これは皆様の中にある魂の本心です。潜在意識、または深層意識というものです。魂の本心に従って直感すれば、常識で考えているものとは違った人生が見えてくるのです。

潜在意識に忠実な気持ちを持って自分自身の人生を考えれば、人生が空であること、そして、死なねばならない人間であることを率直に認めれば、般若心経の本当の意味が分かってくるのです。

色即是空に近づくことができるのです。皆様の中に隠されている潜在意識が顕在意識として現われてくることを悟りというのです。

色即是空という釈尊の提案がそのまま自分の常識になることです。五蘊皆空という人間の実体の悟りが、そのまま生活感情になってしまうことです。これが本当の悟りです。

今の仏教にはこういう悟りはありません。今の仏教はすべて商売です。新約聖書にはイエス・キリストの信仰でなければ救われないとはっきり書いているのです。人間が神を信じるのではない。イエス・キリストの信仰を持てとはっきり言っているのです。英訳では、have faith in God となっています。これを日本の聖書は、神を信じなさいと訳しているのです。訳し方が間違っているのです。宗教家が聖書を訳すとこういう間違いが起こってくるのです。こういう間違いが仏教にも聖書にもあるのです。

私は般若心経と聖書を専門家だけに任せておくべきではないと思うのです。私たちの率直な本心に従って、人間の魂のあり方に従って、宗教的な考えに捉われないで、素直な単純な感覚で般若心経と聖書を学んでいきたいと考えているのです。

そうして、人間として現世に生まれてきた責任を全うしたいと思うのです。

色即是空ということを簡単に説明しますと、物が存在するのではない、運動が存在しているという意味になるのです。原子の中にある原子核の回りを、電子が回っている。電子は原子核の回りを一秒間に一億四千五百万回、回っていると推測されているのです。

もし電子が回転しなければ、物質構造は成立しないのです。従って物質があるのではない、運動があるのです。このことと色即是空は同じことです。

今から二千五百年も前に、釈尊は色即是空と喝破しているのです。物質は存在しないとはっきり言っているのです。

インド哲学者、仏教学者であった、故中村元東大教授は、色即是空について、物質的現象には実体がないと言っているのです。これが間違っているのです。こういう説明をすると、空という意味が分からなくなるのです。

どう説明したらいいのかと言いますと、物質的現象は実体ではないと訳したらいいのです。物質的現象は実体ではないのです。これはアインシュタインの学説と同じことになるのです。物質は存在しないのですから、唯物論、唯物史観は成立しないのです。物質は存在しないということを自然科学は証明しているのです。物質が存在しないということが証明されたので、原子爆弾が製造されたのです。水素爆弾も製造されたのです。

もし物質が存在しないという理論が嘘であるなら、原子爆弾はできないはずです。原子爆弾ができているということは、物質が存在しないということを証明しているのです。

色即是空ということは、ただの思想ではありません。本当のことです。これは宗教ではないのです。これを宗教の観念のように考えていることがおかしいのです。

現在の皆様の生活を根本的に立て直すためには、断固とした宗教革命が必要です。仏教という概念、キリスト教という概念が全世界に瀰漫しているのですが、この概念を否定して、新しい本当の真理を究明することです。釈尊のように、またイエスのようにはっきりとした確信を持って人間の考えは間違っていると断定する勇気がいるのです。そうしたら、皆様は死なない命が分かるのです。

今の人間の一番大きな弱点は、死ぬということです。死という事実に対して今の文明も、今の学問も、全く無力です。無能力です。死に対して今の学問も、文明も考える力を持っていないのです。だから今の文明は、本当の意味では文明と言えるものではないのです。死を解決できないということが、今の文明が本物ではないことを示しているのです。

人間にとって一番大切なことは、生か死かということです。これが一番大きいテーマですが、これをはっきり究明できない学問は信じるに足りないものになってくるのです。

パウロは、「肉の思いは死である」と言っていますが（ローマ人への手紙8・6）、肉の思いというのは人間の常識、知識です。人間の常識、知識で生きていると思っている人は、死んでいるのです。ところが人間は生きていると思っている。この間違いを十分に弁えさえすれば、私たちは死ななくなるのです。

イエスは、「私を信じる者は、いつまでも死なない」と言っているのです（ヨハネによる福音書11・26）。イエスという人をよくよく勉強して頂いたら、人間が死ぬということはただの迷信だということが分かるのです。

本当の命を皆様に了得して頂いたら、皆様の現実の生活のあり方が、根本から変わってしまうのです。そうして、釈尊が生きたような生き方、イエスが実行した生き方が皆様にもできるのです。

人間は死ぬために生きているのではありません。現世の常識を持ったままの気持ちでぼやっと生きていると、必ず死んでしまいます。そこで悟らなければいけないのです。

しかし悟っただけでいいのかと言いますと、そうではないのです。五蘊皆空が分かれば、現象が実体ではないということが分かりますが、実体とは何かということを般若心経では教えてくれないのです。そこで聖書を勉強しなければならないことになるのです。

もし般若心経だけで足りるのなら、わざわざ聖書を持ち出す必要はないのですけれど、般若心経だけでは本当の命が分からないのです。

現象は実体ではないとしますと、実体とは何であるか。こういうことを勉強しなければいけないのです。

イエスは復活によって死を破ったのです。死を破ったことによって実体とはこういうものだと証明しているのです。これが神の言《ことば》です。

般若心経と聖書はこのような関係になるのです。新約聖書は非常にレベルが高いのです。神の国の標準で書いているのです。だから、初めから日本人が新約聖書に取り組んでもだめです。

今のキリスト教の人々は皆考え違いをしています。今の人間の常識で聖書を信じようとしている。また信じたつもりでいるのですけれど、これは間違っているのです。新約聖書は非常に高い理想を命題にしているのですが、五蘊皆空をはっきり踏まえて、色即是空という前提に立って神の国を見なければ、本当の十字架の意味が分からないのです。

そこで般若心経は前編になり、新約聖書が後編であることを考えたのです。ユダヤ人にはモーセの掟が新約聖書の前編でした。西洋人の前編はソクラテス、プラトン、アリストテレスです。アラブ、アフリカ人の前編はマホメットです。東洋人には釈尊が与えられているのです。新約聖書の神の国、仏典がいう彼岸に到達するためには、前段階としての踏み台がどうしても必要になるのです。五蘊皆空をはっきり捉えないままで聖書を勉強しても、偽善者になるに決まっているのです。

現在のキリスト教は釈尊という踏み台なしに聖書を勉強しているために、皆偽善者になっているのです。これがキリスト教の本当の姿です。

そこで私たちは般若心経と聖書の両方を勉強しなければならないと言っているのです。日本人は日本人らしく聖書の真諦を捉えたいと思っているのです。

人間完成ということは、人間は何のために生きているのかということを究明したら分かるのです。

キリスト教で言っている神を信じるという考え方は宗教になります。死んでから天国へ行くというのも宗教です。現在の人間が世間並の常識や知識を持ったままで救われたいと考えているのですが、人間の常識や知識が五蘊です。

自分の常識が自分を殺すことになるのです。このことをまず知ることとです。

今皆様が生きていることがどういうことかということをよく考えますと、空気を人間が造っているのではないことが分かると思うのです。水を自分で造っているのでもない。森羅万象を人間が造っているのでもないのです。

今こうしてお話しをしている間に時間が流れています。時の流れはどこから来るのかということです。こういうことを経験するために人間は生きているのです。商売をするためでもないし、仕事をするためでもないのです。マイホームを楽しむためでもないのです。

生きるとはどういうことなのか、死ぬとはどういうことなのかをはっきり見極めるために、この世に生まれてきたのです。これを見極めれば死ななくなるのです。

なぜかと言いますと、宇宙の大生命が皆様個々の命として現われているからです。例えば、田中さんの命とか、加藤さんの命があるのではない。命は宇宙にたった一つあるだけです。この命が個々の人間に現われているのです。また、万物として現われているのです。鳥の命も、蟻の命も、雲の流れ、水の流れも、皆宇宙の命の現われです。

宇宙の大生命が皆様の肉体に働いている。これを生理現象として経験しているのです。人間の生理現象は宇宙の命の働きです。

現在皆様は宇宙の命を持っているのですが、この命は死なない命です。宇宙の命が死ぬというばかなことはないのです。

皆様が現在生きているというこの状態を、本当に見極めさえすれば、皆様は死ななくなるのです。そのために一番手っとり早い方法は、イエスの復活を勉強することです。これは一番早い方法ですが、自分だけで聖書を読んでも分かりません。

キリスト教はだめです。キリスト教は教義に従って聖書を勉強しているからです。イエスが行った奇跡をどう考えるのかということですが、もし私がイエスのように病気を治したら、人々が押しかけるでしょう。マスコミが大々的に取り上げるでしょう。そうしたら、聖書の命を受け取ろうという人がいなくなるのです。だから、神は私にそういうことをさせないのです。そういうことをすることは、現在では邪道になるのです。

イエスの時代には、奇跡によってキリストであることを証明しなければならなかったのです。今の時代に奇跡を行いますと、マスコミにもてはやされて超有名人になるでしょう。そうすると、聖書の言葉の命が全く無視されてしまうのです。

聖書の言葉をしっかり捉えることが大切です。聖書の言葉が皆様の命になることです。これが決め手です。これが聖霊を受けるということです（ヤコブの手紙1・18・21、ペテロの第一の手紙1・23）。

聖霊を受けなければだめです。キリスト教の勉強はだめです。キリスト教の勉強はキリスト教の教義によって勉強しているからです。教義と真理とは違うのです。教義は教義、真理は真理です。聖書は真理の御霊です。真理の御霊によらなければ真理は分かりません。

真理の御霊によればイエスの復活がはっきり分かります。現在皆様はそれを持っているのですが、それが分からないのです。

今のキリスト教で、イエスの御名をはっきり考えている人はいません。ザ・ネーム・オブ・

ジーザス・クライス（the name of Jess christ）が救いになるのです。

ヨハネは書いています。「彼を受け入れた者、即ちその名を信じた人々には、彼は神の子となる力を与えたのである」（ヨハネによる福音書1・12）。彼を受け入れた者、即ち彼の名を信じた者となっているのです。イエスを受け入れるということは、彼の名を信じることです。これが今のキリスト教にはないのです。

彼を受け入れるということは、彼の名前の本質を受け入れるのです。彼の名前が意味する本質を受け入れるのです。

名は体を現わすという言葉がありますが、イエスの名前はイエスの実体を現わしているのです。イエスの実体を皆様が本当に受け入れることになりますと、神の子になることができるのです。

今のキリスト教は教義を教えてくれます。イエスを信じれば救われるとか、十字架の贖いによって罪がなくなると言いますが、それは教義でありまして、イエスの名前の実体ではないのです。神の実体ではないのです。神の実体、イエスの実体がキリスト教では分からないのです。神が分からない、イエスが分からないのは、本当の信仰ではないからです。神の実物が分かれば、人間は救われるに決まっているのです。

ヨハネは次のように書いています。

「なお、私が見ていると、見よ、小羊がシオンの山に立っていた。また、十四万四千の人々が小羊と共におり、その額に小羊の名とその父の名とが書かれていた」（ヨハネの黙示録14・1）。

人間の額とは何であるか。小羊の名とは何であるか。神の名とイエスの名が分かれば、間違いなく永遠の生命が分かるのです。

これは皆様が現在持っているのですけれど、聖書の勉強の仕方が間違っているために分からないのです。

もし皆様が永遠の生命の実物を掴まえたいと考えるのなら、求めて頂きたいのです。イエスは、「求めよ、そうすれば与えられるであろう」と言っています（マタイによる福音書7・7）。

人間は自分が求めたいと思っていますが、この自分がという意識が間違っているのです。皆様は自分の意志によって生まれたのではありません。自分という意識がどこからきたのかということを冷静に考えますと、実は自分はいないのです。

人間は魂として人生を経験するために、この地球上にやって来たのです。神によって地球に生まれさせられたのです、地球上に生まれたのは、生きているということを経験するために生まれたのです。

経験するということは、自分という人格がなければ経験できません。人間の魂に人格が与えられたのです。これが私という人称人格です。人称人格としての私がないことには経験の当体になるべきものがありません。経験するという以上、経験する当体がなければならないのです。これがなければならないのです。そこで私という意識が与えられているのです。

この宇宙において、はっきり自分と言えるものは神ご自身だけです。神以外に自分と言えるものは一人もいないのです。従って、人間が自分と考えていることは偽人格です。なぜなら人間は自分の意志で生まれたのではないからです。また、自分の力で勝手に生きている訳にはいかないのです。

人間は空気を造っているのでもないし、水を自分で造っているのでもないのです。お米、野菜、果物、肉、魚を自分で造っているのでもないのです。人間は自分一人で生きるという力は全く持っていないのです。

空気や水がなかったら、どうして生きていけるのでしょうか。時間や空間がなかったら、どうして生きていけるのでしょうか。自分一人で存在するということは不可能です。ところが、人間は自我を持っているのです。自分が一人で独自に生きていると思っているのです。この自我意識が根本から間違っているのです。

ただ経験の当体としての人格がなければ、今日という日に経験できないのです。これは人称人格としての自分です。

アイ（I）というのが人称人格です。アイ（I）とエゴ（ego）とは違うのです。自我はエゴです。

アイというのは天地自然に従って生きている者です。これがアイです。アイとエゴは違うのです。

私たちは天地自然に従っておのずから生かされているのです。おのずから生かされている私というのは、自主的人格ではなく、客観的人格です。これが人間の生命の実体です。

イエスの名というのはこれを証明する名前です。

自分が生きていると思っている人は、自分が救われなければならないと考えるのです。自分が天国へ行きたいと考えるのです。これが人間の迷いです。自分がいるという考えは神に対立する考えです。

自分とはっきり言えるのは、神だけです。人間には自分というだけの資格はないのです。自分の意志で生まれてきたのではありませんから、自分という人格は人間にあるはずがないのです。

自分が生きているという事実はありません、皆様は知らず知らずのうちに、神のために生きているのです。だから、自分の都合をいうことは間違っているのです。

23．色即是空

色即是空というのは、現象世界は本質的に空である、現象は実体ではないという考えです。このことは理論物理学でも簡単に説明できることです。

理論物理学では物質はあるのではない、物理があるのだと言っているのです。物理運動があるのだと言っているのです。原子核の回りを電子が回っている。電子の運動があるのです。物があるのではない。素粒子の運動があるのです。物質があるのではないということを、理論物理学では簡単に説明しているのです。

この考え方の証明が原子力発電です。原子力発電が行われているということ、原子爆弾が存在することが、物質がないことを証明しているのです。

色即是空というのは、物質は存在していないということです。このことは理論物理学でも証明しているのです。ところが、普通の人間の考えでは物質が存在していると考えているのです。唯物論を信じている人もたくさんいるのです。科学で証明していることを、なお人間は概念的には承知していない。常識的にはなお物質が存在すると考えているのです。

物質が存在するというのはどういう考えなのかということです。なぜ人間は物質が存在すると思えるのかということです。このことを知るためには人間の霊魂ということを究明しなければ分からないのです。

物質が存在しないことを理論物理学が証明していても、なお現実生活では物質が存在すると考えて生きているのです。このような根本的な矛盾が人間にあるのです。命が分からないから、このような矛盾が鵜呑みにされているのです。

こういう矛盾を鵜呑みにしたままで人間文明が成立しているのですから、この文明は訳が分からなくなっているのです。

現代の文明は全く信用できないものです。矛盾に対して説明しようとしないのです。生命とは何かを考えようとしていない。生活の面ばかりを強調しているのです。こういう文明は根本的に信用できるものではないのです。

文明は命を真面目に考えようとしていないのです。政治、経済はもちろんですが、学問の世界においても、命とは何か、死とは何かを全く真面目に考えようとしていないのです。こういう風潮が当たり前のようにされているのです。

人間はただ漠然とこの世に生きるために、生活するために生まれてきたのではありません。人間は理性と良心とを与えられています。理性と良心を与えられているということは、人間の本質にふさわしような人間完成をしなければならない責任があるということです。

人間はただ生きているなら死ぬに決まっているのです。死ぬに決まっている人間が現世でただ生活を享楽しているということは、全く無意味です。享楽には楽しみがありますけれど、やがて死ぬに決まっているのです。死ぬに決まっていることを承知していながら、ただ漫然として生きていること自体が、人生に色々な矛盾を引き起こす結果になっているのです。何のために生きているのかが分かっていないのです。何のために結婚するかが分かっていないのです。何のために社会生活があるのかがはっきりしていないのです。はっきりしていないことばかりがあるのです。

命の本質が分からないから、結婚とは何か、貞操とは何か、親子の関係とは何かということの本質が全然分かっていないのです。ただ欲望を満足させるために生きているという誠に不徹底な状態になっているのです。

キリスト教を信じている人、また、仏教を信じている人は自分の信仰が正しいと皆思っています。正しいと思っていればこそ信仰しているのです。ところが自分が正しいと思っても、それが本当に正しいかどうか分からないのです。

例えば、親鸞の言葉を借りて申しますと、「行者の良から人とも悪しからんとも思うべきにあらず」となるのです。行者というのは信者のことですけれど、阿弥陀さんを信じている人間が、自分の信仰が正しいと思っても、正しくないと思っても、そういうことには関係がない。ただ如来の誓いだけに意味があるのだと言っているのです。

如来の誓いとは天地自然の姿そのものを指しているのです。如来の言葉の本質は、天地自然の本質を指すものと考えて頂きたいのですが、天地自然の本質が証明するものだけが本当に正しいものだと親鸞上人が言っているのです。

宗教は主観的な概念に基づいて自分の信じている神、仏が正しいものだと思い込んでいるのです。そのように思い込むのは勝手ですが、これは自分自身の独断にすぎないのです。

これは宗教だけではなくて、いわゆる社会革命の思想においてもそのように言えるのです。人間は皆自分が考えている思想が正しいと考えているのです。それが果たして本当に正しいものであるのかどうかは、天地自然の法則に照らし合わせてみなければ分からないのです。

現在の人間の命の本質のついて考えようとしていないのです。ただ生きている、生活していることだけが、人間の目的だと考えているのです。こういう人間は死ぬに決まっているのです。死ぬに決まっていることを承知していながら、ただ漫然として生きている。人生観の根底にはっきりしたものがないから、このようなことになっているのです。

般若心経は現象的に存在している物、人間の概念、または観念は空であると言っているのです。五蘊皆空というのはそれを言っているのですが、これは現象的に存在する人間の本質をずばり言っているのです。

般若心経は肉体人間が空であることをはっきり言い切っているのです。聖書は肉体人間の面からではなくて、霊魂人間を取り上げているのです。

肉体人間と霊魂人間をはっきり捉えていくことが、人生を正しく知ること、正しく見ることのために絶対しなければならないことですから、般若心経と聖書というテーマで皆様にお話ししているのです。

文明によってあまりにも人間の本質が暴虐されているのです。人間の文明によってあまりにも人間の本質が忘れられているのです。人間の命を直面目に取り上げようとしない。人間観の本質が非常に不真面目に見られているのです。この点をご注意、喚起したいと思っているのです。

般若心経は仏法の中核的な思想です。仏教と仏法は本質的に違います。仏法は仏の本質についてのことです。

釈尊の悟りは今日で考えている仏教ではなかったのです。釈尊の思想を色々な角度から捉えて宗派集団ができていますが、本来釈尊は今日考えられているような宗教を造ることが目的ではなかったのです。

人間とは何か。人間が生まれて、老いて、病気になって死んでいく。いわゆる生老病死という人間の基本的な矛盾、人間苦の本質を見極めようということが、釈尊が出家をした原因です。これは宗教を信じて幸いになろうとか、救われようとかいう気持ちがあった上で出家されたのではないという意味です。人間存在の本質を究明することが釈尊の目的でした。これが大悟徹底という形になって現われているのです。

般若心経はその要点を観自在菩薩の悟りとして説いているのです。こういう意味で般若心経は仏法の中核思想ですが、仏教の中核思想ではないのです。

仏教というのは仏法を宗教的に取り扱ったものです。仏教が間違っていると私が言うのではなくて、般若心経がそう言っているのです。五蘊皆空と言い、色即是空と言っているのは、仏教が間違っているという意味になるのです。

本当に色即是空を貫きますと、今日の伽藍仏教は成立しないことになるのです。一切の現象は空です。宗教教団も現象の中に入るのです。そういうのが空だということになりますと、今日のいわゆる宗教思想のようなものは成立しないことになるのです。

これは今日の宗教が良いか悪いかではなくて、釈尊の思想の本質とは違った所があるということです。

般若心経の色即是空という考え方は、究竟涅槃をよくよく理解しないと分からないのです。涅槃というのは蝋燭の火を消してしまった状態です。人間の雑念が全部消えてしまった状態を言うのです。宗教が良いか悪いかというのは雑念です。こういものが吹き消された状態が涅槃です。

人間の本質は何であるのか。現在生きている人間が何であるのか。こういうことを現わしたのが空という言葉になるのです。般若心経を仏教の経文としてではなくて、人間哲学として、人間哲理としてこれを取り上げて、命の本質を究明するという意味です。

般若心経の中心思想である空、あるいは涅槃という考え方は、現在生きている人間の考え方は誠に頼りなくていいかげんなものであるということです。

聖書はイエス・キリストの十字架が中心になって説かれているのです。十字架と涅槃という考え方とは非常に密接な点がありまして、般若心経は空を説いていますが、聖書はとこしえの命という面を強調しているのです。

空を説く般若心経と、とこしえの命を説く聖書とこの二つを並べて究明しますと、現在の混乱している人生観が非常に簡単明快に要約することができるのです。

大乗仏教は非常に広範囲のものでして、俗に八万四千の法門と言われるくらいに門戸は多いのです。どの角度からどのように論じても、三百六十度の角度からどのように論じてもいいのです。三百六十度の角度から論じられるくらいに広範囲な論理が展開されているのです。どれが良くてどれが悪いかと言いますと、ああ言えばこう言う、こう言えばああ言うで、まるでつまらない理論闘争になってしまうのです。私たちは大乗仏教の理論的な勉強というよりは、現実に生きているという事実がありますから、これをよくよく見ていく必要があると思っているのです。

何をどう思うかということですが、肉体人間としてどう思うかということと、霊魂人間としてどう思うかということでは、全然見方が違ってくるのです。立論の根底が違ってくるのです。従って、理論闘争のようなことはなるべく避けて、現在私たちが生きているという事実に基づいて、人間の命とは何か、人間がすべて行き着く所とは何かということを考えて頂きたいのです。

人間が行き着く所は、人間が死ぬということです。これは理論でもないし、宗教でもありません。こういうことにつきまして切実な考え方をして頂きたいのです。

人間は一方では真面目に考えて自己完成をしたいと考えています。人生を見極めたいと考えているのです。ところが、他方に欲望があるのです。例えば神を信じたいとか、悟りを開きたいという気持ちがあっても、欲望があるために自分が惑わされてしまって、やりたいと思いながらもやれない状態に陥ってしまうのです。

こういう状態を西田哲学では、絶対矛盾の自己同一と言っているのです。「善を行いたいと思っているが、却って善が行えない、行わないと思っている悪を、却って行ってしまう」とパウロが言っているのです（ローマ人への手紙7・19）。

善を欲しながら悪を行っているのです。人間の欲望は肉体存在の自分に住み込んでいる先天的なものと言ってもいいほど強力な本能性です。

このことを仏法的な言い方をしますと、現世に生まれてきたことが業《ごう》です。カルマです。人間が現世に生まれてきたことが、業です。現世に生まれてきた時に、業が魂につきまとっているのです。

肉体人間を絶対のものとして認めている人間は、業から逃げ出すことができないのです。業の本音と欲望の本質は同じものです。業から逃れたいと思いながら、業から逃れることができない人間の苦しみを、絶対の自己同一と言っているのです。

西田哲学の不連続の連続というのも、これによく似た感覚です。人間の気持ちは神を信じてはいない。しかし、生かされているという事実があるのです。太陽光線の恵みを提供され、空気を与えられ、水を与えられているという事実は、人間が神によって生かされているということを意味するのです。

人間は神によって生かされているのです。自分が生まれたいと思ったのではないのに、この世に生まれてきたのです。この世に生まれてきたということが、宇宙摂理に基づく人間存在であると言えるのです。

人間は神に生かされているのですが、神を全然知らない。これは不連続の連続のようなことになるのです。善を行いたいと思いながらそれが行えないのは、絶対矛盾の自己同一です。

西田哲学は非常に正直な哲学ですが、現実に生きている人間を生身のままで扱うということをしていない。人間は何のために生きているのかということに、はっきり答えていないのです。哲学では答えられないのです。

何のために人間は生きているのか。私たちはただ欲望を満足させるために生きているのではありません。現世で楽しく生きるため、マイホームを楽しんだら良いという考え方で生きている人は、人間自身の目的を冒瀆していることになるのです。

欲望とは何かと言いますと、魂が肉体に閉じ込められているという状態によって、やむを得ず発生している状態です。

人間には本能があります。これは食本能と性本能の二つに分かれているものですが、性本能が肉体的にだけ取り上げられることになりますと欲望になるのです。

現象世界が存在している。人間が肉体で生きているのは絶対的なものだと思い込んでしまいますと、欲望から逃れることができなくなるのです。ところが、人間が肉体的に生きているという状態から悟りによって解脱できると考えますと、欲望と縁を切ることが不可能ではないことになるのです。

実は人間は肉体的に生きることは絶対ではないのです。このことは新約聖書のイエス・キリストの十字架の原理から考えてもそう言えるのです。

般若心経の涅槃という思想と新約聖書の十字架という思想とは、本質的には同じです。これは肉体的に生きている人間は妄念に閉じ込められているのだと言っているのです。

こういう意味で、欲望は絶対的なものではないのです。しかし、肉体人間が自分だと思い込んでいる間は、欲望から逃れることができないのです。

24. 彼岸へ渡る

般若心経の一番最初に観自在菩薩という言葉がありますが、これが皆様の本心です。迷いを捨てて、本当のことを見る心ができたことを意味するのです。

観自在の自在というのは、初めからあったものという意味です。自とは初めからということ、在とはあるということです。自在とは初めからあったもの、先天性ということです。

観自在菩薩というのは、皆様が生まれる前から持っている本心のことです。これは観自在と言ってもいいですし、観世音と言ってもいいのです。

人間が生まれてきたのは、生きていることを通して、天地万物が展開していることを弁えることが目的です。世音というのは、この世の事がらです。それを見るのです。

観自在は生まれる前の自分の本性を見る。観世音は生まれた後に、生活を通して自分の本性を見ることです。観自在も、観世音も皆様の本性がそのまま言われているのです。

皆様は般若心経を読んでいますけれど、意味が全く分かっていないのです。仏教のお坊さんで般若心経の意味を説明する人はたくさんいます。文字の説明は少し勉強すれば誰でもできるのです。ところが、本当に般若心経の本質そのものを自分自身の命にしている人はいないのです。

般若心経が日本に来てから千年くらいにもなりますが、本当に自分自身の本性をはっきり見た人はいないのです。

釈尊は自分の本性を見て空だと言っています。自分自身が生きていることが空だと言っているのですが、これをはっきり言った日本人は一人もいないのです。日蓮も親鸞も、法然、道元、弘法大師、最澄も仏教の説明はしていますけれど、本当の空を自分で実感して、空をそのまま生きた人がいないのです。般若心経の難しさはここにあるのです。

生まれる前の本心に立って、生まれる前の自分を見て、現世に生きていることが全く間違いだということを、本当に生活ができた人は一人もいないのです。なぜかと言いますと、皆宗教を信じていたからです。

般若心経は宗教ではないのです。般若心経の一番最初に観自在と言っていますが、これは人間の本性のことをずばり言い切っているのです。般若心経以外の経典は、人間が書いて人間が読んでいるのです。だから、如是我聞という言葉が、経典の初めに書かれているのです。

かくのごとく私は聞いたと書いているのです。釈尊自身の本当の借りではなくて、釈尊の説教の解釈を経典に書いているのです。

ところが、般若心経には如是我聞という言葉はありません。初めから本心で言えばと言っているのです。観自在菩薩というのは、本心のことです。本心で言えばどうなるのかと言っているのです。「照見五蘊皆空　度一切苦厄」というのは、人間が本心で見れば人間の考えは、皆間違っていると言っているのです。

現在の皆様が般若心経を読んでもだめです。分からないのです。仮に般若心経の説明が分かっても、五蘊皆空を本当に生活することは、現代の人間にはできないのです。現代の皆様はお気の毒ですけれど、聖書によれば今の皆様は全部死んでいることになっているからです。

究竟涅槃

般若心経に究竟涅槃という言葉があります。涅槃とは、冷えて消えて無くなってしまうことです。自分が消えてしまうのです。現世に生きている間違った人間の生活観念が消えてしまいますと、死なない命が分かるのです。本当に分かるのです。宗教ではないというのは、本当のことという意味です。

般若心経は、いわゆる仏教ではありません。一切空と言っているのです。仏教の経典に書いてあるようなことが、空だと言っているのです。

そのように、人間の常識と本心とは全然違うのです。本心は魂のことです。魂の感覚が人間の本心です。

皆様は常識で生活しています。常識は現代文明が提供している考え方です。特に学校教育が、皆様に与えている物の考え方をいうのです。これは生きている間に通用する常識であって、この世を去ってしまえば一切通用しないのです。

お寺で説いている仏教の説明、キリスト教で説いている聖書の説明は、いくら聞いてもだめです。現世では通用しますが、現世を去ってしまいますと、一切通用しないのです。

現世を去るのは自分一人ではない。世間一般の人も行くのだから何とかなるのではないかと思われるかもしれませんが、それがとんでもない間違いです。皆様はたった一人であの世へ行くのです、だから怖いのです。

赤信号皆で渡れば怖くないとばかなことをいう人がいますが、現世の交通信号なら十人ほどの人が一度に渡れば、車の方が止まるでしょう。ところが、この世を去りますと、そんな甘いものではないのです。皆様は一人ひとりで死んでいくのです。全くの孤独の世界に行くのです。完全に一人になるのです。

今でも皆様は独りぼっちです。皆様自身の気持ちは、自分一人しか分からないのです。自分の息子でも、自分の妻でも、自分の本心を分かってくれることは絶対にないのです。

人間は独りぼっちで生きています。死んでしまえば社会は消えてしまいます。皆様は完全に孤独になるのです。これは皆様を脅かしているのではありません。冷静に考えれば分かることです。

文明は見せかけだけのものです。学校教育は見せかけです。この世における人間生活の知恵は教えてくれます。これは何処までも生活の知恵であって生命の知恵ではないのです。従って、皆様の命のあり方が変ってしまいますと、教育は一切通用しなくなるのです。教育は学校の組織のためにあるようなものです。先生の生活のために学校があるようなものです。

教育されている子供たちは、教育によって人間の本心を見失っているのです。人間の本心とは言葉を変えて言いますと、情操になるのです。知能の啓発をすればするほど情操は衰弱してしまうのです。

大学を出たことによって、般若心経の真意が全然分からなくなっているのです。却って学歴のない人の方が、謙虚な態度で見ることができますから、般若波羅蜜多を考えてみようという気がするのです。大学を出た人は、般若波羅蜜多が馬鹿のように聞こえるのです。それは情操が荒廃しているからです。

教育が人間の情操を荒廃させてしまったのです。その結果、学校内暴力とか、家庭内暴力が頻発するようになってきたのです。日本がだんだん悪くなってしまったのです。道徳的な謙虚さとか、人への思いやりがだんだんなくなってしまった。先生を尊敬する気持ちがなくなっているのです。これは文明の非常に醜悪な現象です。

その結果、皆様は般若心経が分からなくなってしまったのです。昔の日本人は今ほど愚かではなかったのです。皆様は今、本心を失っているのです。情操が衰弱したために、人間自身の本心が何を求めているのか、自分の魂が何を望んでいるのか分からなくなっているのです。

だから、般若心経をいくら読んでも分からないのです。

人間の常識は人間の本心に逆らっているのです。皆様は自分の命が考えられないような人間になってしまったのです。これが文明の結果です。文明はこういうひどいことをしているのです。

現世で生活をするためには、教育があった方がいいでしょう。ところが、魂のためには、教育は害悪になっているのです。日本に西洋文明が入ってきたのは明治時代からですけれど、文明は魂を全く見えなくしてしまったのです。だから、般若心経の話を何回聞いても分からないのです。五蘊皆空が分からないのです。五蘊という感覚が、そのまま現代の日本人の精神構造になっているからです。

自分の考えが間違っているから、自分の考えを持ったままで魂のことを考えても、絶対に分かりません。

皆様が今持っている命は、必ず死ぬ命です。ところが、皆様の本心は死にたくないと思っている。本心は彼岸を求めているのです。般若波羅蜜多とは彼岸に渡る心のことです。皆様の本心は死なない命、本当の命、魂のあるべき姿を求めてやまないのです。

常識と本心

皆様の常識と本心は全然違います。皆様の常識は、この世の生活のことばかりを考えています。本心は死にたくないと思っている。死にたくない、死にたくないと思っていながら、他方で死なねばならないと思っている。死なねばならないというように思い込まされているのは、文明のためです。文明意識、教育意識のためです。

教育された人間は、頭が洗脳されているのです。頭の中が教育によって造り変えられているのです。だから、本心が分からなくなっているのです。

しかし、皆様の本心はあります。だから、死にたくないという気持ちからどうしても離れらないのです。

ところが、死なねばならないと思っている。死なねばならないと思うのは、文明の教育精神です。世間の人は皆死ぬのだから、死んだらあの世に両親も、親戚の人もいるだろう。友人もいると思っている。親戚の人がいる、友人がいると思うのは現世に生きている間の気持ちです。人の魂は全く独りぼっちです。人間の命は一つしかないのです。砂糖をなめると世界中の人間は全部甘いと思います。黒人でも白人でも、赤い花を見れば赤いと感じます。そのように、全世界の人間は同じ五官の機能を持っている。これは世界の人間の命は一つしかないことを意味しているのです。

ところが、常識によって個々別々に生活していると、たくさんの人間がいるように見えるのです。ここが人間の愚かさです。五蘊とはそのような間違った考えを信じていることです。

皆様は本心では死にたくないということが、はっきり分かっているはずです。だから、死にたくないという気持ちをはっきり心に据えて頂きたい。死にたくないという本心を本当に持っている人は、般若心経がだんだん分かってくるでしょう。

般若心経は悟りです。般若心経を本当に会得されますと、成仏するのです。仏になるのです。

しかし、仏になっただけではだめです。仏は物事の真相を弁える人格を言っているのです。真相を真相として受け取る人格です。これを仏と言います。例えば、味とは何であるのか。形とは何であるのか。その真相を弁える感覚を仏と言います。これが成仏です。

しかし、これは命が本当に分かったのではありません。成仏してから本当の命が分かるようになるのです。成仏しなければ本当の命を信じることができません。成仏しない人間が、本当の命を信じることはできないのです。般若心経には悟りはあります。しかし、救いはないのです。そこで、宗教ではない般若心経と、キリスト教ではない聖書の二つがどうしてもいるのです。

般若心経と聖書は難しいものではありません。当たり前のことです。日本で般若心経を愛唱している人は、一千万人以上もいるでしょう。ところが、般若心経の意味が全く分かっていない。

これはどういうことでしょうか。論語読みの論語知らずという言葉が昔から言われていましたが、それよりもっとひどいのが心経読みの心経知らずです。

般若心経は宗教家によって、うまく利用されてきました。千円を添えてお寺へ送るとご利益があるという迷信を言って、お金を集めているのです。関西ではそれで大儲けをしている寺がありますｌ。そういうばかなことをしているのです。般若心経で金儲けをするのはもってのほかです。そういうばかなお坊さんがいるので、般若心経の真意が全く誤解されているのです。

般若心経が言っていることは当たり前のことです。現在生きている人間は、死ぬに決まっている。だから空だと言っている。そんなことは当たり前です。誰でも知っていることです。ところが、当たり前のことを、当たり前として受け取ろうとしないところに、現代人の迷いがあるのです。

聖書には何が書いてあるかというと、これもまた当たり前のことです。今年は二〇二〇年であるということを書いている。日本の大新聞は西暦の年月日を書き、日本の元号はかっこをして書いているのです。二〇二〇年というのはキリスト紀元ですが、これは世界中誰でも知っているのです。これが聖書です。

ところが、般若心経や聖書の分かりきった原理が全く分かっていない。二〇二〇年というのが何のことか分からない。なぜ分からないのかというと文明意識のためです。人間文明は魂を殺しているのです。文明は人間の自殺行為をしているのです。

彼岸へ渡る

彼岸へ渡る上智が般若波羅蜜多ですが、彼岸とは人間の魂のことです。魂の実体、内容が分かれば彼岸へ渡れるのです。これはばかみたいに簡単なことです。魂の実体が分かりさえすれば、彼岸へ行けるのです。何でもないことです。がたがた言う必要はないのです。

此岸とはこちらの岸です。彼岸は向こうの岸です。こちらの岸とは何かというと人間のことです。これだけのことです。何でもないことです。

皆様が自分が人間だと思っている間は、死ぬに決まっています。ところが、自分が魂だということがはっきり分かりますと、死ななくなるのです。

霊魂不滅という言葉があります。日本人は霊魂不滅という熟語は知っていますけれど、この言葉の本当の意味が全く分かっていない。彼岸とは魂ということであって、魂が分かれば人間は死なない命を見つけることができるのです。

死なない命と言いますと、非常に難しいもののように思いますが、自分の本体が魂であることが分かれば、死ななくなるのです。魂は初めから死なないものなのです。ところが、今の日本人は魂を知らないのです。大和魂とか武士道魂とか言いますけれど、魂の本当の意味を知らないのです。だから、死んでいくのです。そのくせ人間は死ぬのが嫌であるに決まっている。病気になればすぐに病院へ行くでしょう。ところが、今生きている命が何であるのかという簡単なことを知ろうとしない。

なぜこうなっているのかというと、文明というつまらない思想でごまかされているからです。西欧文明に騙されているのです。私がいう西欧文明は、いわゆる物質文明だからというだけではありません。大体、西欧人は人間が現世で生活することしか考えないのです。これが彼らの常識の基礎になっているのです。即物主義的、または唯物主義的な考え方をするので、肉体的に生きているのが自分だと思い込んでいるのです。

そのくせ肉体が存在しないということを西欧人が言い出しているのです。物質は存在しない、物理運動はあるけれども物質は存在しないという理論は、中学生でも勉強していることですが、やはり肉体が存在すると思っているのです。

だいぶ前に亡くなりましたノーベル賞受賞者の湯川氏が、かつて京大教授をしていた時に、「私は学校で学生に物質は存在しない。物体は本来現象であって実在ではないことを教えている。しかし、家庭に帰ると物質があるような気持ちになってしまう。奥さんがいる、台所がある、ごちそうが並んでいる。どうも自分が教えている学説と、自分の実際的な生活感覚とは矛盾しているように思える。学者として甚だ恥ずかしい」ということを述べていたと聞きましたが、これはいかにも彼らしい発言です。

実際、湯川氏が言ったように、物理運動は存在するが物質は存在しないのです。これは原理です。原理というものは本当のことだから原理というのです。原子爆弾が製造できたということは、物質が存在していないことを証明しているのです。色即是空とはこのことを言っているのです。

般若心経は色即是空を二千年以上も前から言っている。これは当たり前のことです。現在の物理学の常識から言えば、こんなことは当たり前のことです。

そこで、皆様は人間として物事を考えることをやめて、魂として自分自身を見ることができさえすれば、死なない命の実物を掴まえることができるのです。これは何でもないことです。

日曜日とは何か

日曜日はイエスが復活した記念日です。イエスが死を破った記念日であって、これを世界中の人間が記念しているのです。そのように意識していなくても、とにかく世界中の人間が日曜日を休んでいる。これはイエスの復活が、歴史的事実であることの証明になるのです。

イエスが死を破ったということは、誰でも死を破ることができるということです。これは何でもないのです。人間という意識から、魂という認識へ自分自身の精神構造を持っていけばいいだけのことです。ただこれだけです。これだけで人間は死ななくなるのです。魂とは何かと言いますと、五官、生理機能と心理機能の根本です。これが神の言です。

イエスが死を破ったという事実が、歴史的に証明されているのです。本当はイエスの復活は六千年の人間歴史の中で、最も驚くべき最高の事実です。人間が死を破ることができるということは、人間歴史の中で最も驚くべき重大な事件です。

これは学問の対象として第一に取り上げられなければならないはずのことです。ところが、現代文明の学問は、イエスの復活を全然取り上げようとしていない。これは学の益だしい怠慢です。

今の学は本当のことを知ろうとしていないのです。自然科学には限界があるのです。哲学、政治学、法律学、経済学にも限界があるのです。

ところが、人間が死を破るということは、人間社会の限界を取り払うということです。人間自身の思考方式を取り払うことができるという重大な指針になるのです。人間が死なないということ、死を破ることができることが事実であるとすれば、現在の文明の基礎概念が変ってしまうのです。そういう重大な問題を、今の学問は全然取り上げようとしていないのです。ただ今の学理学説、教育は間違った概念を踏まえているのです。文明は魂を殺している。人間のことばかりを考えている。魂のことを考えようとしていない。これは非常に不親切であるし、人間の命の根底に甚だしい損害を与えているのです。文明を信じたらだめです。むしろ文明に逆らうくらいの盛んな意気を持って頂きたいのです。

釈尊は文明に逆らった。これが一切空です。色即是空、五蘊皆空は彼が文明に反抗した精神です。

イエスは人間は皆罪人であると喝破したのです。これがまた、人間文明に逆行している精神です。般若心経も聖書も、両方共人間文明を否定している。しかし、これは人間が知らねばならない本当のことを、はっきり言い切っているのです。

ところが、現代の宗教はこれをうまく利用して金儲けをしているのです。この日本においてこそ、般若心経という東洋思想の精髄と、新約聖書という西洋思想の精髄の二つが、まとめられなければならないのです。これを日本の宗教はしないのです。般若心経を知らないし、聖書を知らないからです。キリスト教はキリストを知りません。寺のお坊さんは空を知らないのです。

般若心経は人間が存在することに対して、根本的な疑いを提起しているのです。色即是空は現象世界は存在しないと言っているのです。現象世界は実存しないということは、比較的分かりやすいのですが、空即是色になるとほとんど分からないのです。空の原理の説明ができないと分からないのです。

般若心経は仏法の思想です。仏教ではありません。般若心経は仏教を否定しているのです。「無苦集滅道　無無明　亦無無明尽　乃至無老死　亦無老死尽」と言っていますように、十二因縁という考え方は仏教の唯識論の中心テーマになっていますが、般若心経はこれを否定しているのです。

人間は常識的に考えています。この世に生まれた人間がこの世に生まれた気持ちで考えている。これは死んでしまうに決まっている人間です。人間は一人残らず全部死んでしまうに決まっているのです。

そうしますと、死んでしまうとはどういうことなのか。死んでからどうなるのか。これを般若心経は、はっきり書いていないのです。ただ現在の人間の考えが間違っていることを書いているのです。

現代の日本人は、般若心経を見たり読んだりしていますけれど、その内容をほとんど知らないのです。般若心経は仏教の重要な唯識論とか四諦八正道を否定している。般若心経は、「私は仏教ではありません」と言っているのです。

仏教の経典はすべて一番最初に如是我聞と書いています。般若心経には如是我聞と全然書いていない。初めから観自在菩薩と言っているのです。

観自在

観自在の自というのは、初めという読み方と、からという意味があるのです。両方合わせますと、初めからという意味になるのです。初めからあったものを見るのが観自在です。初めからあったものというのは、先天性のことです。皆様が生まれる前からの絶対原理が先天性です。天然自然という言葉がありますが、天然ということが初めです。自然が今見ている森羅万象です。天然が自然になっているのですが、般若心経は天然の説明をしていません。

観自在というのは、初めからあった原理、真理を見たということです。菩薩というのは人間の命の心髄を考えている人、または考えようとして一生懸命になっている人を言っているのです。観自在菩薩というのは生まれる前のあり方を示しているのですが、生まれる前は意識していません。無意識の命です。皆様の人格は無意識の世界から有意識の世界へ生まれ出たのです。人格ということが、今の人間には分からないのです。本当の人格を仏と言っていますが、これが今の日本人には分からなくなっているのです。仏という、言葉はありますけれど、その内容が分からないのです。

現在の人間は無明によって生まれてきたのです。何のために生まれてきたのか、何処から生まれてきたのか、死んだらどうなるのか全然分からない。全く無責任な状態です。現代の文明人は自分の命のこと、自分の人格のことをほとんど考えていない。そのような無知の状態がほとけてしまうのです。なくなってしまうのです。これを仏と言うのです。人間は死んでいくに決まっている命を、自分の命だと考えてそれにしがみついている。いくらしがみついても、死ぬに決まっているのです。

人間の命は、人間が造ったものではありません。これは皆様の人格を見れば分かるのです。皆様の人格は恐ろしく尊いものです。天然自然の根本原理が皆様の人格の原理になっているのです。

太陽の輝きは、宇宙生命が物理的なエネルギーの形をとって、私たちに現われている。これが太陽光線であり、暖かさであり、明るさです。暖かいこと、明るいことが太陽光線のエネルギーが何であるかを示している。おのずからの原理をそのまま現わしているのです。

太陽のエネルギーのおかげで地球は生きていますが、太陽が直接地球を照らすことになりますと、地球の温度は四千度から五千度になるでしょう。そうすると、とても人間は生きていられないのです。生きているどころか人間は燃えてしまいます。この強烈なエネルギーを大空が中和している。地球の周囲に大空があるのですが、この大空のおかげで人間の生存の環境が保たれているのです。

一体、大空というのは何であるのか。どうして大空があるのかが、現代文明では説明できないのです。太陽と大空と地球の三つの関係を、天然、おのずから、神というのです。神と言っても、天然と言っても、おのずからと言っても同じです。これが宇宙の大生命です。

宇宙の大生命を人格的に表現しますと神になるのです。神の人格の本体がペルソナです。皆様の人格は神のペルソナにそっくりです。皆様は神のペルソナとそっくりの人格を持っているので、時々あわて者が自分は神だと言い出すのです。そう言い出すのも無理はないのです。神のペルソナと人間の人格は、実質的には同じものだからです。

人間は宇宙の大生命を全然知らないのです。現世に生まれてきて八十年か九十年この世にいて、人間の人格は神だという理屈のきれっぱしを信じて、自分は神の子だと言っている。これは大間違いです。日本の神道にはこういう間違いがあるのです。日本の神道がいう神は本当の神ではありません。人間が造った神をいうのです。例えば、乃木希典を乃木神社で祀っている。東郷平八郎を東郷神社で祀っているのです。ちょっと傑出した人物を神に祀りあげるという習慣があるのです。自分より少し上の人が神になるのです。

皆様の本当の人格はそんなものではないのです。天然の本質、天然の実質が人格的に現われたものが皆様の人格です。皆様の理性の働き、推理判断の微妙な働き、記憶能力のすばらしさを考えてみてください。皆様の人格が持っている力は、驚くべきものですが、これは皆様が造ったものではないのです。ところが、皆様は人格を自分の気持ちで勝手に使っている。自分が生きている、自分の自由があると考えている。

ある雑誌に有名人が幸福な結婚をしたと言っていましたが、これがおかしいのです。結婚に幸福などあるはずがないのです。結婚すれば悪くなるに決まっているのです。性欲を満足すれば悪くなるばかりです。セックスの原理を知らないでセックスを実行している。それが間違っているのです。

人間は人格というすばらしいものを持っていながら、それを自我意識によって勝手に用いている。その責任を追及されるに決まっているのです。

この世に生きている人間は、必ず死にます。これは人間の人格を知らないからです。皆様の人格は宇宙人格の一部が人間となっているのです。宇宙人格とは神のことです。神の人格が人間として現われているのです。

だから、人間は神を信じることができますし、信じないこともできるのです。犬や猫は神を信じることもできないし、信じないこともできないのです。人間は神と喧嘩することができる。神の味方になることもできますし、神の敵になることもできるのです。

一切空

釈尊は現世で生きている人間の最高の悟りを見せたのです。現世の人間は一切空である、間違っているということが、釈尊の悟りの結論です。これが今の日本にはないのです。釈尊の教えは仏法であって、仏教ではないのです。日本にあるのは仏教です。日本にあるのはすべて仏教の教祖が造った宗教です。

釈尊は一切空と言っています。般若心経には釈尊の思想がはっきり出ているのです。空というのはすばらしい思想ですけれど、今の日本人には分からないのです。昔の日本人には少しぐらい分かっていたのです。生あるものは必ず死する。形あるものは必ず壊れると言ったものです。

地球という形のあるものは、必ずなくなるのです。地球は消えてしまうのです。地球は物理的存在ですから、物理構造が変化すれば消えてしまうに決まっているのです。こういうことを土台にして考えることを悟りと言うのです。今の日本にはこんなことを考えている人はいないのです。

物理的に存在するものは、物理的に消滅するのです。皆様が住んでいる大地も地球がある間はあります。しかし、地球がなくなれば大地は存在しないのです。

これを般若心経は色即是空と言っています。色即是空という言葉を本当に信じている人は、今の日本には恐らく一人もいないでしょう。文明があればそれでいいと思っているのです。ところが、文明は人間の思想によってできたものであって、人間自身の思想によって人間自身が騙されている状態が文明です。

人間は自分が生きていると思っています。やがて、心臓が止まるに決まっている。必ず死ぬに決まっているのです。死ぬに決まっている人間のことを自分だと思っている。死んでしまうというのは、現在死んでいることを意味するのです。現在死んでいる自分のことを自分だと思っている。人間はこういう愚かなことを平気でしているのです。これが文明というものです。日本の高校や大学で教えている理屈が何処まで通用するのでしょうか。人間の心臓が止まれば絶対に通用しないのです。ところが、人間の人格は宇宙構造の原点から来ているのです。これは死ねないものです。これを霊魂不滅と言います。

人間は現世で心臓が止まれば死にますが、皆様の人格は永遠に生き続けなければならないのです。そうすると、どんな状態で生き続けるのかが問題です。苦しんで苦しんで、しまったと思って生き続けるか、神と共に生き続けるかどちらかです。

今、皆様が自分だと思っている人格は、真っ赤な嘘の人格です。自我意識の本質は、全くの外道です。悪魔です。

人間は欲望を満足することが幸福だと思っている。欲望は満足させればさせるほど、だんだん太っていくのです。その結果、人間の魂は殺されてしまうのです。死んだらどうなるのか。人格の尊さを知らずに生きていた人は、死んでからその責任を徹底的に追求されるのです。これは恐ろしいことです。

現世に生きている間は、本当に苦しければ首を吊って死んでしまうという方法がありますが、死んでしまえば首を吊ることもできないのです。そのように、人間の魂がこの世を去ってしまいますと、死ぬことができない所へ行くのです。そこで、しっかり苦しめられるのです。徹底的に苦しめられるのです。持っていた人格を泥まみれにしていたその責任を追求されるのです。人間は文明のために完全に騙されているのです。これがユダヤ文明です。ユダヤ主義とはこういうことです。ユダヤ主義を正当に知ろうと思えば、地球存在の根本原理を知らなければならないのです。

人間の人格は、地球存在の根本原理よりも尊いものです。神の人格と同じものです。このような人格を持っていながら、自分が生きていると思っている。これはとんでもない間違いです。

他界

この世を去るのは死ぬのではなくて他界するのです。皆様の魂は、現世で勉強をしているのです。何の勉強をしているのかと言いますと、命の勉強をしているのです。そして、命の勉強が終わったら、また、終わらなくてもこの世から消えなければならないのです。

皆様は率直に言いますと、いつ死ぬか分からないのです。年寄りであっても若くても、人間の命は全く分からないのです。

命はいつなくなるか分からない。この世の生活がいつ消えるか分からないということを、真面目に考える人がめったにいないのです。むしろそういうことを考えないようにしているのです。そういうことを考えるのは、縁起が悪いと言って、死ぬことを真面目に考えないようにしているのが、世間一般の風潮です。

これは気の毒なことです。死を真面目に考えた方が安心できるのです。死はじっくり目の前において考えますと、実は自分の命に対する見方が間違っているから死があるということが分かってくるのです。

命は二つありまして、絶対に死ぬに決まっている命と、絶対に死なない命があるのです。ところが、日本人は百人が百人、千人が千人共死ぬに決まっている命を、命だと思い込んでいるのです。命に対する知識が全くないのです。命とは何かということをまともに考えようとする人が、日本には全くいないのです。先祖代々死んでしまうに決まっている命を、自分の命だと思い込んできたのです。

そこで、宗教にしがみついて助かろうとするのです。そういうことをするより、まず命についての見方を考えたらいいのです。死ぬに決まっている命を、自分の命だと思い込んでいる人は危ないのです。

皆様は現在生きていますから、命の見方を変えることができるのです。命の見方を変えさえすれば、自分自身の本当の姿をもう一回見直すことができるのです。現在の世の中は死んでしまった人間が造ったものです。六千年間の人間文明は、死んでしまった人間ばかりが造ったものです。ですから、この世の中の常識を信じていますと、死んでしまうことになるのです。死ぬのは嫌だと言いながら、死んでしまわなければならないことになるのです。

これは全くばかなことです。日本人の世界観が間違っているのです。皆様の命が間違っているのではなくて命に対する見方が間違っているのです。死ぬに決まっている命をなぜ自分の命だと思うのでしょうか。皆様は死にたくないと思っているでしょう。そう思っていながらなぜ現在の命を考え直そうとしないのでしょうか。

般若波羅蜜多は向こう岸へ渡る知恵であって、向こう岸へ渡るということは死なない所へ行くことです。これは宗教ではないのです。般若心経を宗教扱いしているから間違っているのです。日本の仏教信者、お坊さんの中で般若心経を自分の命で経験している人は一人もいないのです。

般若心経は人間の考えが間違っていると、はっきり言っているのです。仏教のお坊さんが仏教について考えていることが間違っているのです。仏教という宗教があることが間違っているのです。

釈尊は五蘊皆空をはっきり言っているのです。般若心経の中心テーマは五蘊皆空ですが、五蘊というのは人間の知識、常識の一切をいうのです。皆様の記憶、経験、物の考え方は全部五蘊の中に入るのです。これが間違っているのです。世の中の常識、習慣、社会通念は五蘊です。皆様は五蘊で生きています。だから、死なねばならないことになるのです。命に対する考えが根本から間違っているのです。

宗教が間違っています。仏教が間違っているのです。どの宗派が悪い、この宗派が良いというのではありません。仏教、キリスト教、あらゆる宗教が間違っているからです。本当の命を提供する準備がなくて、神とか仏とか言っているのです。

般若心経を読んでいる人は日本にはたくさんいるでしょう。しかし、般若心経の本当の意味が分かっている人がめったにいないのです。仮に般若心経の意味が講義できても、五蘊皆空を実行している人は一人もいないでしょう。これが現在の日本の社会状勢です。

命を知らない日本人

現在の日本人は命を全く知らないのです。生きていながら命が分かっていないのです。だから、損得の問題ではなくて、現在の日本人の命に対する見方が根本から間違っていると言わざるを得ないのです。

日本人の命に対する見方が間違っているのです。新しい世界観が必要です。新しい世界観というのは死なない命を見つけることです。

例えば菊の花があるとします。菊の花として咲いている命は、地球の命がそのまま現われているのです。太陽の助けによって土の命が花になって現われている。これは死なない命です。太陽光線も死なない命を光線という形で現わしているのです。

命は死なないものです。死ぬ命は仮の命であって本当の命ではないのです。世の中の人々が考えている命は本当の命ではありません。本当の命ではないものを命だと勝手に思っているのです。

現世で人間が生きているのは命ではないのです。仮の命で現世の生活をしているだけです。経験していてもその経験の仕方が悪いと、本当の命を認識することはできません。五十年生きている、六十年生きていると言いますけれど、結局、命の実体が分からないままで、死んでいかなければならないことになるのです。

死ぬとどうなるのか。他界するのです。他界とはどこへ行くのか。冷えて真っ暗な世界へ行くのです。冷暗の世界へ行くのです。そこでは、皆様の思想が凍結します。そうして、地獄の門が開くのを待っているのです。凍結するだけならまだいいのですが、凍結した後にある年代が過ぎますと、地獄の門が開かれるのです。これが恐いのです。本当に恐いのです。

地球の歴史には始まりがあって終わりがあるのです。地球の歴史はやがて終わります。人間文明はやがて終わります。

現在の文明は命の本当の値打ちを知らない文明です。命の値打ちを知らない人間ばかりが七十八億人もいるのです。皆様が死んで冷暗の世界へ送り込まれると、時間がなくなります。空間もなくなるのです。冷凍した暗黒の世界です。それからが恐いのです。

皆様は現世で命の見方が間違っていた。それについての責任を追求されるのです。死んだらしまいだと思っていると、とんでもないことになるのです。皆様の肉体は死んだらしまいです。ところが、魂の苦労はそこから始まるのです。

宗教は魂のことを全然教えないのです。神とか仏とか言いますが、宗教でいう神や仏は人間が造った観念です。人間の頭で考えた観念を仏像にして拝んでいるのです。そんなものは神でも仏でもありません。

命に対する見方が間違っていることが、皆様の根本的な欠点です。だから、何のために生きているのか分からないのです。

皆様は世間並の考え方を呑み込まされているのです。日本人は生活のことは一生懸命に考えます。自分の家庭のこと、商売のこと、仕事のことは一生懸命に考えますが、命のことを全く考えようとしないのです。こんなばかなことがあってもいいのでしょうか。皆様は生活のことよりも命のことを重大に考えて頂きたいのです。命のことを熱心に考える気持ちさえあれば、生活は勝手にできるのです。お天道さんとご飯は付いて回るに決まっているのです。真面目に生活をする気持ちがあれば、食べていけるに決まっているのです。

現在生きている命は、やがてなくなる命に決まっているのです。今生きている間に、死なない命を見つけなければならない責任があるのです。自分の霊魂の責任を果たさなければ、死んだらひどい目に会うでしょう。

人間がこの世に生きているのは命の勉強をするためです。どうして勉強するのかと言いますと、例えば、太陽が輝いています。花が咲いています。これが先生です。六十年も七十年もこの世に生きていれば太陽や花を嫌というほど見たでしょう。花が命を示しているのに人間はそれを見ても分からない。人の心が素直ではないからです。

本当の神

般若波羅蜜多を実行することが本当の仏です。本当の神とは何かと言いますと、現在皆様の心臓を動かしている力が本当の神です。皆様の心臓が動いているということは、神が皆様と一緒に生きているということです。だから、その気になれば神を見つけることは何でもないのです。

まず般若波羅蜜多が必要です。今までの常識をやめるのです。そうしてもう一度、自分の命を考え直してみようという真剣な気持ちを持つこと、これが般若波羅蜜多です。

色即是空、空即是色とあります。空が色になっている。色は物質です。形とも言えます。色即是空は形即是空と言ってもいいのです。空はからっぽではなくて目に見えない偉大な力を言うのです。空が花になって現われている。空とは死なない命のことです。

本当の命は空です。死ぬに決まっている命を色と言うのです。色の命ではなくて空の命を掴まえることが般若心経の目的です。ところが、般若心経だけではこれができないのです。

般若心経をいくら読んでも、命をどうして受け取ったらいいのか分からないのです。般若心経には命という字が一字もないのです。空という字はあります。これは命の方向を示す言葉でありますが、命そのものではないのです。そこで、宗教ではない聖書をどうしても勉強しなければならないのです。

日本人は聖書を考え違いしているのです。私がいう聖書は、キリスト教のテキストではありません。キリスト教を非常に嫌がる聖書です。キリスト教は、はっきり間違っているという聖書です。この聖書にはイエスが死を破ったことが正しく書かれているのです。このことを素直に勉強すればいいのです。

現在、皆様は生きているという誠に不思議なことを経験しているのです。何が不思議かと言いますと、私たちは五官の働きによって、現実的に時間、空間という奇妙なものを経験している。実感的に、また実験的に経験している。これは大変なことをさせられているのです。

ところが、現代文明はそういう命の不思議さについては一切考えようとしない。ただ自分の利害得失だけを考えている。こういうだらしがない状態に落ち込んでいるのです。

私たちは本質的には不滅の命を持たされていますが、現在人間が生きている状態は終わるに決まっているのです。物理的に構造されているものは、耐用年数があるに決まっているのです。

自然現象とは耐用年数が絶対的に存在する現象のことです。

皆様の肉体の耐用年数は八十年か九十年ぐらいのものです。長くても百年前後です。しかし、皆様が現在経験している命の内容は、不滅の内容を持っているのです。

人間は霊魂不滅という言葉を常識的に知っています。霊魂不滅という意味は何となく分かるのです。ところが、人間の霊魂は不滅であるから恐ろしいのです。死んでしまいになるのなら簡単です。心臓が動かなくなったという事態が現われて、人間の命と全く関係がなくなるのならいいのです。皆様の理性と良心はそうはいかないのです。

皆様の理性や良心の原点は不滅から発生してきたものです。生きているとはどういうことかを簡単に言いますと、二つの面があります。皆様は生まれたいと考えて生まれてきたのではありません。そうすると、生まれてきたことが既に皆様の意志ではなかったのです。

ところが、皆様は自分の意志で生きています。これがおかしいのです。宗教はこういうことを具体的に、明確に説明しないのです。神や仏を信じると言いますが、一体、神や仏は何者なのか分からないのです。日本には神道のような神があります。キリスト教にはキリスト教の神があります。仏教には仏があります。

仏教は何千という宗派に分かれています。それぞれ皆、神、仏があります。

キリスト教は何百という派に分かれています。何をしているのかということです。

宗教は善かれ悪かれすべて情報です。情報とは誰かが何かを経験して、それをいいと考えて発表した。これが情報です。専門学がそうです。誰かが何かを発見して、それが学問になっている。それが絶対となっていますけれど、部分的には絶対と言えるでしょう。しかし、人間の魂は部分的なことだけでは済まないのです。

皆様は自分で生まれたいと思ったのではないにも係わらず、生まれてきた。そうして、自分が生きていると思っています。しかし生きるということは、皆様の自由意志に基づかないのです。生活現象としては、自由意志に基づいて生きていますが、命が分かっていないのです。

生きている

生きているというのは、現実に命を経験していることです。命を経験しているのなら、命の実質、実体が分かっていなければならないはずです。ところが、生きていながら命が分からない。だから、死んでしまうことになるのです。

生きているという事実において命をしっかり経験していて、命の実質、実体をはっきり捉えていれば、死ぬはずがないのです。

命は死なないものです。生命の生は大木が大地に生えている状態を象徴したものです。生とは死なない命を現わしている。生を皆様は現に経験しているのですが、その内容が分からない。

人間は生まれたいと思って生まれたのではない。何かの意志によって生まれたのですが、その何かが分かっていない。従って、皆様の命の原点と、現在生きている状態とは一致していない。命の原則と現在のあり方が一つになっていないのです。そこで、死なねばならないことになるのです。

宗教はこういうことを言いません。宗教には命がないのです。宗教はすべて教義を教えています。これは現世に生きている間は通用しますが、死んでしまえば一切通用しない所へ行くのです。宗教と全く関係がない世界へ行くのです。科学も法律も死んでしまえば何の関係もないのです。そうすると、皆様の魂はどうなるのでしょうか。これが大問題です。

宗教は人間の魂の勉強についてのほんの入り口になるのです。全く嘘とは言えないかもしれませんけれど、ほんの入り口であって家の中にまで入っていないのです。魂という言葉でさえも宗教では明確に説明できないのです。

イエスは宗教家ではなかったのです。キリスト教はイエスを教祖のように拝んでいますが、これは全くイエスをばかにした話です。イエスは大工の倅でありまして、絶対に宗教家ではなかったのです。宗教が間違っていることを徹底的に痛撃したのです。その結果、ユダヤ教の宗教家によって殺されたのです。宗教は間違っていると厳しく攻撃したので宗教家に殺されたのです。

宗教は営業です。皆様が勉強しなければならないことは、生きているという事実です。この事実を掴まえればいいのです。皆様の五官が肉体的に作用している状態を魂というのです。五官が肉体的に働いている状態が何なのかということです。これが生きているということです。これが魂です。

皆様は自分の意志によって生まれたのではない。これは、はっきりしているのです。自分の意志によって生まれたのではないとすると、誰かの意志、何かの意志によって生まれたことになるのです。そうしますと、生きていることの根本原理は、皆様の力とは何の関係もないのです。生きていることの根本が、皆様とは関係がないのです。

皆様は太陽を造ったのでもないし、空気や水を造ったのでもない。もちろん自分の肉体を造ったのでもない。皆様はこういった大自然の恩恵によって生きています。そうすると、大自然の実体とは何なのか。これが分からずに自分の意志だけで生きていると考えても、現実に人間の肉体は大自然のエネルギーによらなければ、生きていられないのです。

そういうことを現代文明は全く無視している。つまり現代文明は魂を殺しているのです。人間が生きている本当の姿を認めようとしないのです。皆様は生きているという事実と一分間でも別れることはできません。皆様にとって生きているという事実は、絶対的な基礎です。この絶対的な基礎を文明は認めようとしないのです。

現代文明は皆様が生きているという非常に明瞭な事実について、一言も説明しようとしないのです。これがユダヤ主義の文明です。白人社会はユダヤ人によって指導されています。ユダヤ人のエネルギーや考え方がなかったら、現代文明は現われないのです。

生きているという事実に対して、人の命の事実に対して全然説明しようとしない文明に惚れ込んではいけないのです。現代人が文明に惚れるというのは、命に対する大欠点です。

やがて、皆様の命は終わるに決まっています。その時どうしますか。文明は皆様の命に対して一切の責任を持ちません。専門学は皆様の魂に対して何の力もありません。そこで、宗教や文化論ではない本当の意味での命とは何か、人間が現実に生きている事実をどう考えるかということを、真剣に考えなければならないのです。

魂の目を開く、いわゆる心眼を開くためにはどうしてもボランティアが要ります。自分で勝手にするわけにはいきません。自分で開かれる人はほとんどいないでしょう。そこで、不束者ですが私が魂のボランティアをしているのです。

明けの明星

釈尊の場合は苦労しているのです。宗教が頼りにならないことが分かって、宗教を捨ててしまったのです。そうして、菩提樹の下でゆっくり休んで悠々たる座禅の状態に入った。四十一日目の早朝に、明けの明星という不思議なものを見たのです。

その結果、人間が生きているのは間違いだ。人間が生きている事実がないことを悟ったのです。目で見ているとおりの時間や空間が存在するのではないことを悟ったのです。彼は人間の命の真諦を見極めたのです。そして、自分が生きている事情は、明けの明星に原因があることが分かったのです。

イエス・キリストは新約聖書のヨハネの黙示録で「私は輝く明けの明星である」と言っています（22・16）。

このことが宗教家にはどうしても分からないのです。釈尊が明けの明星を見たのはどういう意味なのか、仏教家で説明できる人がいないのです。釈尊の悟りの内容が日本では全然分からないのです。

日本の宗教はどうしてできたのか。日蓮宗は日蓮の情報です。浄土真宗は親鸞の情報です。浄土宗は法然の情報です。真言宗は弘法大師の情報です。それぞれのお祖師さんが情報を発表して、それに基づいて宗派ができたのです。これが仏教です。

釈尊が悟ったのは仏教ではない、仏法です。仏法というのは法を悟ること、法の実体を捉えることです。人間を救うとか、人間にご利益を与えるというのとは違うのです。

釈尊は、自分自身が存在していることが空であることが分かったのです。こういう考え方は日本にはありませんが、般若心経はそれを書いているのです。般若心経は釈尊の本当の内容を、論理的に少し説明しているのです。だから、般若心経は宗教ではありません。これを一般のお経と同じように扱うことが間違っているのです。

般若心経は「無苦集滅道　無無明　亦無無明尽　乃至無老死　亦無老死尽」と言っていますが、これは仏教教学の中の非常に大切な十二因縁、四諦八正道を真っ向から否定しているのです。十二因縁は無だと言っている。だから、般若心経を仏教の中に入れて読むことが間違っているのです。般若心経を写経して千円を入れて送れば、ご利益があると宣伝している寺がありますが、般若心経を商売の道具に使うのはもっての外です。

般若心経は釈尊が人間存在は空であると悟った内容を、少し論理的に説明しているのです。般若心経が現在日本にあるということは、近い将来、日本が全世界の人間の魂のリーダーシップを取ることになるであろうという予見の材料になるのです。

今、世界の文明は完全に行き詰まっています。文化と言えるほどのものは一つもありません。人間が生きていることが文化の本質ですが、これにタッチできるようなアイディアが全世界にはないのです。

日本が般若心経の効用を引っさげて、全世界の文化の基礎的なリーダーシップを取るのは、必然的なエネルギーになるでしょう。日本以外に全世界を指導できる国はないのですが、その日本が腐ってしまっている。これは大変困ったことです。しかし、般若心経が日本に保存されているということだけでも、非常に有効な有能な条件になっているのです。

おのずから

生きている根底は何か。私たちは生まれたいと思わないのに生まれてきたという事実があります。私たちを地上に生み出したエネルギーは何でしょうか。これが「おのずから」です。これが神の実体です。天然と言ってもいいでしょう。天然という純粋のエネルギーが自然になって現われている。天然が大自然を生んでいるのです。これが皆様の魂のゆるぎない土台です。これが分かれば死なないのです。

「おのずから」は死ぬはずがないのです。天然が死ぬはずがないのです。皆様の霊魂はそこから来ているのです。キリスト教ではない聖書の神とは、「おのずから」です。「私は有りて在るもの」と聖書にあります。有りて在るものとは、自然に存在しているものという意味です。これが神です。

皆様はこの神を踏まえて、両足でしっかりと生きているのです。皆様の目が見えること、耳が聞こえることはそのまま自然現象です。だから、自然現象の本当の意味が分かれば、皆様は死なない命を捉えることができるに決まっているのです。

日本には明治時代までは現代文明という悪質なものはなかったのです。と言って、私は幕府時代に帰れと言っているのではありませんが、人間の霊魂の本質から考えますと、現代文明は間違っているのです。現代文明は人間が生きているという事実、命という実体に対して全く考えようとしていないからです。

文明は人間の命に対して全く盲目です。だから、あまり文明を信じ過ぎると、魂が死んでしまうのです。皆様は現代文明を大いに活用すればいいのです。これを靴のように履いたらいいのです。車のように用いればいいのです。しかし文明にかぶれてしまうと、皆様の魂は盲目になってしまうのです。このことをよく考えて頂きたいのです。

25. 絶対に死なない命を見つける方法

般若心経の冒頭に、次のようにあります。

「観自在菩薩
行深般若波羅蜜多時
照見五蘊皆空
度一切苦厄」

求道者である観自在が、深遠なる真実の知恵において、実践し修行しておられた時に、人間の精神的な在り方は、物質的現象が実体であると思うことによって成立していると見極められた。その結果、人間の感受性も、了解も意志の決定、認識も、物理的現象が実体であると思うことによって成立しているのですが、物質的現象は実体ではなくて空であることを、観自在菩薩は悟られたのです。

もしそうであるなら、人間のあらゆる感受性も、了解意志の決定、認識も空です。これが分かったので、人間のあらゆる苦しみ、悩み、災いも空であることを悟られたのです。

一切の苦厄の中には老、病、死も入っていまして、人間が死ぬことさえもないという驚くべきことを悟られたのです。

観自在菩薩になぜそういうことが分かったのか、観とは物事の真相を深く深く見極めるということです。自とは初めからあったものという意味で、この宇宙にビッグバーンが起きる前、あらゆるものが宇宙にできる前、天地開闢の時という意味です。そこに命があった。永遠の命があった。死に関係がない本当の命があったのです。これ以外に、死も、地球もなかったのです。

観自在菩薩は、宇宙開闢の時の命、死に関係がない本当の命を見たのです。その結果、死に関係がない本当の命以外は全部空であることを悟られたのです。現世が嘘であり、幻の世界であることを見極められたのです。

人間はこれを知るためにこの世に生まれてきた。死なない命を見つけるために、自分という意識を与えられたのですが、人間は自分について大変な考え違いをしているのです。だから、死んでいくことになるのです。

自分とは何か。自分自身のことを自分と言いますが、これには自意識と自我意識があるのです。

自意識で考える自分は、純粋な一人称です。自我意識の自分はみずからであって、自分自身から、自分を中心にして考えるのです。

人間は誰でも自分を中心にして見たり考えたりするのです。これは一体どういうことなのか。大体、森羅万象の中で、動物だけでなくて植物でも、また、鉱物でも多分自分があるでしょう。

石でも石という格好で自分を主張しているのです。

動物は哺乳類だけではなくて、魚類も鳥類でも自分を中心に生きているのです。自己中心に生きているのです。

これはどういうことなのか。動物のことを取り上げますと、自分中心に考えるのでなかったら、餌が取れないのです。腹がすくのは自分ですから、餌を取るのです。もし自分という意識がなかったら、自分で餌を取ろうという努力をしないことになるのです。その結果、死んでしまうことになるのです。従って、自分自身の生命を持続するために、みずからという意識がどうしてもいるのです。

ところが、人間が考えている自分という意識は動物が持っているみずからという意識とは全然違うのです。

犬がみずからと考えるのと、人間がみずから（自分）と考えるのでは、全然違うのです。これがよく分かったら、人間は死ななくなるのです。死なない命が分かるのです。

人間が死ぬというのは、ちょっとした誤解です。錯覚です。本当のことを知らないことを錯覚と言います。自分自身の意識だけで生きていることを錯覚の世界に生きているというのです。

人間がみずからという意識で生きているのは、錯覚の世界に生きているのです。自己中心に物事を考えるというのは、動物の世界の考えです。

自分中心に考えることを、エゴイズム（egoism）と言いますが、エゴイズムは我利主義ではないのです。自我主義です。

自我がエゴです。自我意識は我利主義になっていくのですが、本来は自分の利益を考えるのではなくて、自分自身を中心に考えるのです。これがエゴイズムです。

人間はエゴイズムで生きています。エゴイズムで生きているということは、人間の霊についての誤解です。霊についての誤解というのは、生きている状態についての誤解ということです。人間は自分の命について誤解しているのです。だから、エゴイズムで考えるのです。自分中心に考えるのです。これは死人の考えです。

自分中心に物事を考えるということは、死ぬ人間の思想です。死にたい人は自分中心に考えたらいいのです。死にたくない人は、自分中心に考えることをやめたらいいのです。

死なない方法があるのです。こんな事を言う人は世界中にいませんが、私はそれを上（神）から教えてもらったので、こうして皆さんにはっきり言うことができるのです。

人間は絶対に死ぬと考えています。日本人は絶対に死ぬと考えて生きています。日本人は命を全く考えない民族です。生活のことは考えます。仕事のこと、商売のことは一生懸命に考えます。基本的人権ということは考えますが、命のことを全然考えないのです。

基本的人権という考え方がエゴイズムです。この考え方が間違っているのです。これは人間の錯覚です。絶対に死んでいく人間が基本的人権と考えることが、根本的な錯覚です。

人間は錯覚の世界に生きているのです。錯覚の牢獄の中に閉じ込められているのです。人間は錯覚の牢獄の中に住んでいるのです。

エゴイズムというのは自分が造った牢獄です。自分が造った意識的牢獄です。人間は自分の意識によって、自分の世界を造っているのです。これが意識世界です。

人間は自分の意識世界の中に閉じ込められているのです。そこでみずからと考えるのです。だから、死んでしまうのです。

日本人は死ぬことがよほど好きな人間です。誰もがみずからの世界に生きているからです。自分中心に考えようとばかりしているからです。そうして、死んでいくのです。

ところが、死にたくないと言うのです。ちょっと体の状態が悪くなったら、すぐに病院に行って治療してもらいます。そのように、命を非常に大切にしているのに、死から逃れようとしていない。死なない命を掴まえようとしないのです。これはどういう訳でしょうか。

日本人は命を非常に大切にします。だから、病院にはいつも人がいっぱいいます。高齢者の治療費が一割負担ですみますから、そのためにたいした病気ではないのに病院に行くという人もいるようですが、とにかく何かあったらすぐに病院に行くのです。

人間は少し体の状態が悪くなったら、すぐに病院に行きます。これは命を大切にしている証拠です。命を大切にするというのは、大変結構です。それほど命が大切だと考えるのだったら、命についての考えをもう少し改めようとして頂きたいのです。自分自身についての考えを、改めようとして頂きたいのです。

これをして頂いたら、人間は死ななくなるのです。むざむざと死ぬことはないのです。

肉体が衰えたら死ぬのではないかという人がいますが、生理機能の故障はあります。これは死ではなくて機能障害です。機能障害は死ではないかと考えるのです。

体の故障によって死ぬのではないかと思う。死の恐怖に脅かされるのです。だからあわてて医者に行くのですが、結局病気が恐ろしいのではなくて、死ぬことが恐ろしいのです。もしそうなら、死ぬことをやめたらいいのです。そんなことはできるはずがないと言われますができるのです。

病気になったら病院に行きます。人間は自分の体を管理しなければならない責任がありますから、その意味で病院に行くことは必要ですが、死が恐いから病院に行くのではないのです。死なない命を掴まえたらいいのです。そうしたら、死は少しも怖くないのです。病院へ行くのは死が怖いからではなくて体を管理するために行くのです。

人間はみずから生きています。こういう感覚で生きていたら、必ず死んでしまいます。できるだけ早くみずから生きているという感覚から、脱出して頂きたいのです。

そのためにどうしたらいいのか。みずから生きるのではなくて、おのずから生きたらいいのです。

人間はどうして自分という意識を持つようになったのか。これをよく考えて頂きたいのです。自分という言い方を、なぜするようになったのか。これは仏典からきているようです。仏典に「本具の自性」という言葉があります。これはどういうことかと言いますと、本来の仏性のことです。

臨済禅の修業に行きますと、「狗子（犬）に仏性有りや無しや」と聞かれます。無門関第一則の公案ですが、無と言ってもいいですし、有と言ってもよいのです。その時の顔つきで、「よろしい」と言ってもらえるのです。大体よろしいと言われるようです。

犬に仏の性があるかどうかです。犬が犬であるとはどういうことなのか。犬がなぜ犬なのだろうか。セント・バーナードのような大きい犬でも、トイプードルのような小さい犬でも、性があるのです。犬に性があるとはどういうことなのか。

人間はそういうことについて、哲学的に考えようとしないのです。日本人はそういう意味で、非常に不勉強です。犬がなぜ犬なのだろうか。猫はなぜ猫なのか。犬は犬に決まっている。猫は猫に決まっていると言うでしょう。なぜ決まっているのかということです。

トマトはなぜトマトなのか。カボチャはなぜカボチャなのか。なぜキュウリの蔓にナスがならないのか。女はなぜ女なのか。男はなぜ男なのか。こういうことを哲学的原理というのです。日本人はこういうことを考えようとしないのです。

こういうことを考えるのがユダヤ人です。だから、ユダヤ人が政治の原理、経済の原理、科学の原理、文明の原理を造っているのです。ユダヤ人は神からすばらしい知恵を与えられていますから、文明の根本原理を造っています。これは現世に生きるためではなくて、永遠の生命、死なない命を考えるのがユダヤ人の役割りですが、永遠の生命を考えるということをユダヤ人は全くしていない。そこで、異邦人である私たちがそれを考えることになったのです。

ユダヤ人だけが哲学的に考えている。そこで、ユダヤ人が世界をリードしているのです。ニューヨークのウォール街で活躍しているのも、モスクワのクレムリンでも、ユダヤ人が活躍しているのです。

そのように、ユダヤ人は隠然たる勢力を持って世界を指導しているのです。さすがにユダヤ人と言えるのです。日本人はとても及ばないのです。

仏典にある「本具の自性」とは何か。本具とは本来備えているという意味です。本来備えているということは、生まれる前に備えられていたということです。これが初めということです。

自分というのは初めの分です。人間が人間であることを誰が決めたのか。生まれる前に決められたのです。大体、皆さんは不勉強でありすぎます。命のことを考えないからです。もう少し命のことを考えて頂きたい。命を大切にして頂きたいのです。

自分とは初めの分です。人間は生まれる前に人間だったのです。生まれる前の分がこの地上へ肉体を持って現われたのです。だから、自分というのです。

自は、初めが原理になっています。例えば、日記帳には自一月一日、至十二月三十一日とあるのです。自は初めという意味です。

生まれる前の本性が、肉体的に現われた。これが自分です。皆さんがこの世に生まれる前に皆さんの原理、原形があったのです。これを魂の本性と言います。これを仏典は仏性と言っているのです。魂の本性が仏性です。

だから、皆さんが煩悩を捨てて、愛憎の念を捨てて、すがすがしい心になれば、誰でも観音様になれるのです。

このことを白隠禅師がよく述べていたのです。誰でも煩悩愛憎の念を捨てて、解脱するなら、観自在菩薩になれると言ったのです。臨済宗中興の祖と称された江戸中期の白隠禅師が、そのように言っていたのです。

般若心経に「観自在菩薩行深般若波羅蜜多時」とあります。観自在、観世音というのはすべて初めにあった自分を見たのです。初めにあった自分が自分であることを悟ることが、自分です。

人間が人間であることが自分です。こんな簡単なことが仏教大学の教授に全然分からないのです。寺の管長、大僧正が分からないのです。だから、仏教大学を出てお坊さんになった人は、本当のことが全然分からないのです。こういう人が寺で教えているから、困ったことです。

学校教育は本当のことを教えないのです。人間の本性を教育の名によってねじ曲げてしまったのです。人間を教育によって現在という世界に閉じ込めてしまうのです。

学問は一つの理屈です。理屈の世界へ人間を閉じこめてしまうのです。

本来あるがままの自分を勉強しようと思ったら、自分が現在生きている状態を、じっと見ればいいのです。

例えば、花が咲いているとします。これは自分が咲いているのです。菊の花は成長する前から菊の花になるに決まっていたのです。これをおのずからの分というのです。初めからの分が菊の花になっているのです。

アジサイは咲く前からアジサイに決まっているのです。この状態を自分というのです。花には主我的な自分、自我的な自分は全然ありません。自我意識を全く持っていないのです。花は堂々と咲いているのです。本当の自分が咲いているからです。

「闇の夜に鳴かぬカラスの声聞けば、生まれる前の父ぞ恋しき」という一休和尚の道詠があります。生まれる前の父が本当の自分です。

イエスは死ななかった。死を破ったのです。イエス・キリストの復活は当り前です。死なない自分で生きていたからです。死なない命で生きていたからです。

皆さんも死なない自分に気がついたら絶対に死にません。肉体が滅びるのは自然現象です。生理機能の停止であって、死ぬのではないのです。だから肉体の死を怖れる必要はないのです。皆さんが地上にいる間に、本当の命、即ち本当の命の本体、本具の自性が分かれば、皆さんが死なない命を持っていることが分かるのです。

本具の自性とは生まれる前の自分です。生まれる前の自分が分かれば死なないのです。皆さんはこの世に出てきたので死ぬことになったのですが、生まれる前の自分は死なないのです。

生まれる前の自分が分かればいいのです。

江戸時代前期に活躍した臨済宗の盤珪《ばんけい》和尚は、「不生の仏心」ということを盛んに言っていました。不生とは人間はまだ生まれていない。生まれる前の状態が今現われていると言ったのです。

これが分かったら人間は死ななくなるのです。生まれていないのだから死ぬこともないのです。盤珪和尚の言い方は少々不徹底です。盤珪が説いた「不生の仏心」は非常に説明不足です。聖書がなかったので、十分な説明ができなかったのですが、今私たちには聖書がありますので、盤珪和尚が分からなかったことが、非常に良く分かるのです。従って、皆さんに詳しく説明することができるのです。

皆さんが本来の自性に帰ろうという気持ちになれば、皆さんの本性が良く分かることになるのです。

本来の自分は生まれる前の自分ですから、死んでしまう自分ではありません。従って、死なない命が分かるのです。

これは難しいことではありません。簡単なことです。初めに命があったのです（ヨハネによる福音書1・1〜4）。命が言になって現われた。これが森羅万象です。これを神の約束というのです。これを学ぶことが人間の知恵、知識の最高峰です。

本来あった命、初めからあった命を無量寿如来と言います。無量寿如来とは死なない命です。

死なない命が人間が学ばねばならない知恵の本来です。命を勉強している皆さんが、仏説阿弥陀経とか、大無量寿経に書かれている南無阿弥陀仏の本体です。

無量寿、無量光が阿弥陀如来の性質です。阿弥陀如来とは、無量寿、無量光の仏であって、実はこれが皆さんが生まれる前の自性です。皆さんの自性は無量寿、無量光の阿弥陀如来です。だから、南無阿弥陀仏と拝んでいることは、皆さんの本体を拝んでいることになるのです。

これを本当に理解して頂くためには、地球が造られた原理を知らなければならないし、これを知ろうと思えば、神の約束を勉強するしかないのです。旧約聖書と新約聖書は、神の約束の内容を書いているのです。

私は皆さんを宗教に引き入れようとしているのではありません。もし皆さんを宗教に引き入れようとしているなら、死なない方法があるという奥の院である上等の話を初めからするはずがないのです。もっと初歩的な話をしておくのです。少しずつ、少しずつ話していって、最後に奥の院の断片を小出しにして話していくのです。あるいは、奥の院がありますよと言いながら、結局話すことができないのが宗教です。

皆さんに初めから奥の院をお話ししているのは、奥の院を無料で差し上げていることになるのです。

あらゆる宗教は皆お金儲けをしているのです。本当の命を本当に教えてくれる宗教は、日本には一つもありません。アメリカにもないのです。ヨーロッパ、ロシアにもないのです。世界中どこにもないのです。

これは、「古今に通じて誤らず、中外に施してもとらず」ということになるのです。今であろうが、昔であろうが、誤らない。世界中どこへ持っていっても、未生以前の命は通用するのです。私の言うことは、ニューヨークでも、モスクワでも、ロンドン、パリでも通用するのです。

イエス・キリストの本体を説いているからです。イエス・キリストがなぜ復活したかということを、きちんと説いているからです。これを私は体験してお話ししているのです。体験しているから確かなことをお話しできるのです。

この世界において、本当に難しいものはありません。学者が難しいことのように言っているだけです。学問の奥の院はばかみたいなものです。

イエスは、「互いに愛し合いなさい」と言っていますが（ヨハネによる福音書13・34）、命は一つしかないのだから、お互いの命を尊びあいなさいと言っているのです。

固有名詞を尊敬するのではなくて、命をお互いに尊敬しあうのです。これが神の愛です。皆さんと同じように私も世間の常識、知識の世界をうろうろしていました。本当のことが分からなかったのです。一番易しいことが一番難しいのです。ただ程高いものはないと言いますが、私は無料で話しているのです。

結局、人間が何のために生きているのか分からないのです。私たちは一体何をするために現世にやってきたのか。命を知るためにきたのです。ところが、命が分からないのです。

この世に生まれてきたことが業《ごう》です。この業をこの世にいる間に果さなければ死ねないのです。

自分が生きているというのは此岸です。この世が此岸です。こちらの岸です。彼岸は向こう岸ですから自分が生きていない世界が彼岸です。

皆さんは彼岸に入ったらいいのです。そうしたら、業を果たすことができるのです。自分が生きていると思っている間は必ず死にます。

実は人間は自分が生きているという事実はないのです。人間が自分と考えるのは、生まれてから後の人間の意識です。

人間は自分が生きていると考えているのです。アラー・アクバルと祈っているイスラムでも称名念仏でも、神様に祈っているキリスト教の人々でも、現在この世に生きていると思っている自分がいるのです。これが宗教です。結局宗教はこの世に生きている無明煩悩の人間の頭をなでて、金儲けをしているだけのことです。

この世に生きている間は寺もあり教会もありますけれど、現世を去ったら寺も教会もなくなるのです。この世の宗教の観念はこの世に生きている間は通用しますけれど、この世を去ったら一切通用しないのです。

この世を去ったら、寺も教会も関係がないのです。私たちが勉強しなければならないのは、この世を去ってからでも通用する命です。

イエスは甦ったのです。死を破ったのです。現世を去ってからでも通用する命を、私たちに見せたのです。死んでからでもなお通用する命を、イエスは見せたのです。

日曜日はイエスが復活して、死を破った命、死なない命があることを示した記念日です。イエスが実行したことは皆さんにもできるに決まっているのです。

聖書やキリスト教を毛嫌いしなければできるのです。私はキリスト教を説いているのではありません。ところが日本人は聖書はキリスト教の教本だと思い込んでいるのです。こういう日本人の意識が間違っているのです。

日本にはまともな神観はありません。宗教は沢山ありますが、皆中途半端なものです。宗教を何十年信じても、絶対に結論はでません。本当のことが分からないのです。

如来というのは真実の如くに来た者です。真実の如くに死んでいくものを如去と言います。如来とか如去は仏典にありますが、実体的に存在していません。イエスがそれを証明したのです。

私はイエスの命が私の命であることが分かったので、私の命はいらないのです。イエスの命を掴まえたら死なない自分を掴まえたことになるのです。だから、私はもう死にません。これを皆さんにお話ししたいのです。

本当の命と現在人間が生きている命とは全然違います。だから日本人がいくら命の勉強をしてもだめです。必ず死んでしまいます。

日本には誠の神がないのです。日本人は皆無神論者と言わなければならないのです。神を信じていると思っている人でも無神論者です。

キリスト教の人々も無神論者です。キリスト教の人々が本当の神を知らないからです。本当のイエスを知らないのです。だから、キリスト教の人々でさえも、無神論者になるのです。

イエスは肉体を持って現世に来たのです。永遠の生命の産物を持ってきたのです。イエスは皆さんと同じ肉体を持っていたのです。小便をしたのです。キリスト教で考えているイエス様は小便をしないのです。尊い尊いお方ですから、小便をしないのです。救い主ですから小便をしないと考えているのです。

キリスト教でつくった偶像がイエス・キリスト様です。私は小便をするイエスを説いているのです。聖書に、「イエス・キリストが肉体をとってこられたことを告白する霊は、すべて神から出ているのである」とあります（ヨハネの第一の手紙4・2）。

イエスが肉体をとってきたので、食事をしますし、小便もするのです。今のキリスト教徒は偽善者です。キリストでない者をキリストとして伝えているのです。これが宗教です。

人間が肉体を持ってこの世にきたことが業です。これを脱ぎ捨てるのです。そうして、生まれる前の自分に帰るのです。これが業を果たす方法です。

これを実行しますと、生まれる前の自分に帰ることができるのです。そうしたら、死んだ後の自分が分かるのです。

皆さんは生け花をご存じです。私の目の前に生け花があります。切り花ですから、正当に言いますと死んでいるのです。元木から切り離されたのですから死んでいるのですけれど、花瓶にさしていますから、生きているように見えるのです。

生け花は死んでいるのに生きているのです。生きているが死んでいるのです。これが現在の皆さんの状態です。

生け花は元木から切り離されているから死んでいるのですが、もしこの花をもう一度元木に接ぎ木したら、この花は生き返るのです。もう死にません。

皆さんは神から切り離されて現世にやってきたのです。人間が現世に生まれてきたのは、命の本源である神から切り離されたのです。

命は神、神が命です。聖書に「初めに言があった。言は神と共にあった。言は神であった」とあります（ヨハネによる福音1・1）。これは初めに命があった。初めに神があったと同じことです。

私たちがこの世に生まれてきたということは、神から切り離された切り花の状態のようになったということです。花瓶に植えられた花と同じ状態です。花瓶の中に水が入っています。水とは何かと言いますと、自然現象です。人間は自然現象という命の中に入れられているのです。だから、皆さんは生け花と同じような状態で、命を経験しているのです。

ところが、生け花はやがて枯れてしまいます。人間もやがて死んでしまいます。しかし、生け花が元木に接ぎ木されたら死なないように、皆さんももう一度命の本源である神に接ぎ木されたらいいのです。元のように神につながったら死ななくなるのです。これが甦りです。復活です。人間はこれができるのです。

イエスは復活したのです。甦ったのです。イエス・キリストは見事に神につながったのです。このイエスの命をもらってしまえば、皆さんは元木である神に完全につながることができるのです。イエスが神と皆さんをつなぎ合わせる接着剤になっているのです。

神から切り離された人間は、どうしても元の神に戻ることができない。そこでイエスの命をもらうことによって、神につながることができるのです。これをすることによって、完全に神につながることができるのです。これしか方法がないのです。

死なない命を得る方法はこれしかありません。死にたくないと思うなら、ぜひこの方法を実行して頂きたいと思います。

あとがき

仏教というのは大乗の理論、小乗の理論と、八万四千の法門を展開しているのですが、これが宗教です。宗教をいくら勉強しても、人間の命には関係がないのです。

私たちに必要なことは、本質の究明です。宇宙の大霊というのは命の本源そのものです。宇宙の大霊の助けによって、命の本源を知るのです。

釈尊の生き方は悟ることです。これが釈尊の生き方の中心命題です。しかし、悟るということは、仏性的によほど恵まれた人でなければできないことです。

本質的に言いまして、悟るとは一体何なのかということです。何を悟ることなのか。涅槃寂静と言いますが、涅槃というのは、冷えて消えてなくなってしまうことです。

般若心経に究竟涅槃という言葉がありますが、結局涅槃を究竟するということが悟りです。人間が悟りを開くということが、果たして妥当なのかどうか、こういうことを考えてみますと、難しい問題が出てくるのです。

人間は生まれたいと思って生まれてきたのではありません。命の本質に係わっていくためには、私たちの命の本源を究明しなければならないことになるのです。

人間は自分で生まれたいと思って生まれたのではない。これは明々白々な問題です。生まれたいと思って生まれたのではないとしますと、皆様は自分ではないことになるのです。自分の意志によって生まれたのなら、自分に決まっているのです。自分に違いないのです。自分の意志で生まれたのではないとしますと、自分はいないのです。自分ではないのです。

悟りと言いましても、何のために生まれてきたのか分からない人間が悟ったところで、果たして本当の悟りになるのかという疑問が生じるのです。

私は釈尊の悟りを批判するつもりは全くありませんが、現在では何が釈尊の本当の思想であるかが、分からなくなっているのです。八万四千の法門と言いますが、釈尊の弟子たちが勝手に経典を作っていったのです。その結果、一万七千六百巻という膨大な経本になったのです。

阿含経とか、華厳経、大日如来経、大般若経、法華経の基本になる思想が空です。これが般若心経に説かれているのです。

般若心経は日本人に最も愛好されている経典になっているのです。これは空観を中心にしているのです。もちろん般若心経だけが仏典ではありません。

般若心経は四諦八正道、十二因縁を無であると喝破しているのです。小乗を喝破して、大乗涅槃を顕揚しているのが仏教であると思われるのです。

釈尊はインドの釈迦族の皇太子でした。宗教の素人です。だから素人的な考えで、一切の理屈を抜きにして、率直に人間が生きているという実体を捉えて話し合うことがいいのではないかと思ったのです。

私が話していることが宗教ではないと言いますのは、宗教教義を述べているのではないということです。キリスト教がいう贖罪論とか再臨論、終末論というのは宗教の教義でありまして、教義に基づいて教えを説くものが宗教です。

私たちが考えているのは、命そのものの当体を捉えて、何のために生きているのかということを、究明することを目的としているのです。

いくら仏を信じた、キリストを信じたと言っても、死んでしまったら何にもならないのです。イエスは、「私を信じる者はいつまでも死なない」と厳命しているのです（ヨハネによる福音書11・26）。

イエスがいつまでも死なないと厳命した根拠は何だったのか。イエスはなぜ復活したのか。復活したという事実は何であるのか。どういうことなのか。我々も復活に与れるものか、そうではないのかということです。

今の人間はぼやっと生きているから、皆死んでしまうのです。これがいわゆる釈尊の空ですが、現在の人間の理屈は悟ったと言おうが、信じたと言おうが、考え方の根本が空です。

大乗起信論によりますと、妄念が妄念を受け継いで、無限の無明に沈み込んでいるとはっきり書いているのです。こういう人間が果たして悟ることができるかどうかです。また、悟ったとしても本物であるかどうか疑わしいのです。こういう疑問が起きてくるのです。

私たちが現在生きていることは何なのかということです。人間は何のために生きているのかということです。こういう問題をはっきり究明するために、まず般若心経の空観に徹することが必要です。人間が現世に生きているのは、全くばかみたいなものだということをまず悟ることです。

その次に今生きているというのは何か。この事実をはっきり掴まえようとするのです。そのために、空観の結晶である般若心経と、永遠の生命の結晶としての聖書を勉強しなければならないと考えるのです。

これは宗教ではありません。宗教の宣伝をするなら般若心経を宣伝するか、聖書を宣伝するかどちらか一つにするに決まっています。般若心経と聖書の両方を一つにして取り扱うと、宗教にはならないのです。日本社会における宗教という概念から外れてしまうのです。

命とは何か。何のために生きているのか。死とは何であるのか。生とは何かということを端的に究明したいのです。

仏法は本来悟ることを本則としているのです。ところが、人間が悟るということは可能なのか。例えば、人間の理知性が仏性であるとしても、仏性の本質が何であるのかということです。一体どうして人間に仏性があるのかということです。

仏性において悟ったということになりますと、人間が悟ったのではなくて、仏性が悟ったことになるのです。般若心経で言いますと、観自在菩薩が悟ったと言っているのです。観自在菩薩が深波羅蜜多を行じた時に、五蘊皆空と照見したと言っているのです。これは人間が悟ったのではなくて、観自在が悟ったのだということになるのです。そうすると、これは人間の悟りにはならないのです。

人間にある仏性というものは何であるのか。なぜ人間に仏性があるのかということです。悟りということが良いのか悪いのか。また本当の悟りはどういうものでなければならないのかということについても、仏教の教理についてではなくて、私たちが生きているという実体に即して考えなければならないのです。

聖書について申し上げますと、聖書に悟りという言葉はありますが、あまり強調していないのです。イエスがおまえたちはまだ悟らないのかという言い方をしていますが、悟るというのは仏典で言っている悟りとは違うのです。

仏典でいう悟りは空観に徹することをいうのです。イエスが言っている悟りというのは、宗教の誤謬性、または架空性について未だ悟らぬかと言っているのです。宗教の間違いを未だ悟らぬかと言っているのです。

人間の命は教義ではありません。実際に私たちは生きているのです。皆様の心臓は現在動いているのでありまして、これは理屈ではないのです。ある場合には理屈も必要ですけれど、人間が生きているという事実は実体です。

聖書では信仰と言っています。信仰とは何であるのかと言いますと、人間が神を信じることとは違うのです。キリスト教ではそう考えているのです。ところが、聖書の信仰はイエス・キリストの信仰と言っているのです。または神の信仰と言っています。

イエスは「神において信じよ」と言っています。ヨハネによる福音書十四章一節に、believe in God とあります。これは直訳しますと神において信じよとなりますが、日本語の聖書では神を信じよと訳しているのです。こう訳すと人間が神を信じることになるのです。しかし、イエスが言いたいところは、妄念を持った人間、無明煩悩の人間がそのままの気持ちで神を信じても、まともな信仰にはならないと言っているのです。

無明の塊の人間がそのままの気持ちで神を信じたところで、まともな信仰にならないのです。神において信じよと言っているのです。例えば、皆様が月をご覧になる時には、月の光で月をご覧になっているのです。このやり方をするのです。

月の光で月を見るのです。神の知恵で神を見るのです。神の心で神を信じるのです。これは女性において悟るのとよく似ているのです。

ところで、聖書の信仰は信じると言いますけれど、他力本願の信仰とは違うのです。三部経で言っている信仰とは違うのです。どこが違うのかと言いますと、信仰というのは神において神を信じることです。これは絶対他力という仏教的な言い方とよく似ています。

しかし信じるという心境について言いますと、少し違うのです。聖書でいう信仰の心境はどういうものかと言いますと、神による啓示をいうのです。神による啓示というのは聖書独特の思想です。仏教にはこの類例がありません。この点において仏典と聖書ははっきり分かれてくるのです。

仏教学者は啓示が分からないと言います。仏教学者に啓示が分かるはずがありません。これは開かれることです。啓開されることです。人間の常識、知識では命の本質はどうしても分からないのです。命を完全に客観視して考えないとその本質は分かりません。

自分が生きている状態を十分に客観視するのです。口で言いますと完全な説明にはなりませんけれど、神の御霊《みたま》によって見ないと分からないのです。

御霊というのは聖書独特の言い方ですが、宗教観念ではないのです。例えば現在地球が回っています。これは御霊の働きです。花が咲くこと、稲が実ること、豚が太ること、魚が成長していくことを御霊の働きと言っているのです。

宇宙の大霊が人間の魂の指導霊となって、現世に下っている。これを聖霊の降臨と言っているのですが、この助けによらなければ人間の命の本質は究明できないのです。御霊によって天的な知恵が啓開されることが信仰です。これが本当の信仰です。これはキリスト教でいう信仰とは違うのです。

キリスト教では普通の人間が神を信じることを信仰だと考えているのですが、聖書の信仰の本質は啓示です。仏典の本質は悟りです。釈尊の中心はどこまでも悟りであって啓示ではないのです。

大体、仏典では人間が何のために生きているのか分からないのです。人間は何のために生まれてきたのか。地球が何のために存在するのかということです。これが仏典では分からないのです。

私が本当にお話ししたいことは、宗教観念による人生の結論ではなくて、現在人間が生きているという実体について考えたいということです。

人間が現在生きているのは、日本の国民として生きていますけれど、日本という国は二〇二〇年の現在、世界の一員として歴史的な実在の中にあるのです。また、私たちの命も世界の一員としての責任を持って生きているのです。世界の歴史の流れと共に生きているのです。世界の歴史の流れは事実です。私たちが生きているということは、世界歴史の中で生きていることです。

釈尊は色々なことを言いましたが、如来という思想は釈尊の中にはないのです。大乗仏教ができてからアショーカ王以後に如来という思想ができたのです。

釈尊は空を説いたのです。涅槃に徹した思想が釈尊独特の思想です。また、釈尊の最も釈尊らしさは空観の徹底にあるのです。涅槃寂静の境にあるのです。寂滅為楽の境にあるのです。涅槃経第十三の偈に諸行無常、是生滅法、生滅滅已、寂滅為楽とあります。また、三法印ははっきり釈尊の思想の中心を頂くものであると考えているのです。

空という考えだけでは人間の俗念がおさまらないので、後から大日如来とか阿弥陀如来、三部経、無量寿経を造ったのです。釈尊の空観だけでは満足できない人間の俗念を満足させるために、他力的な概念を後から加えたと言えるのです。

私たちが現在生きているこの命は、世界歴史の中で生きているのですから、世界歴史がどこへ流れていくのか、世界歴史がどのようにして今日まで展開してきたのかということの中心テーマがはっきり究明できないようでは、現在生きているということの意味がよく分からないのです。

そのためには、天地創造という思想、歴史の流れという思想を捉えていかなければならないのです。そうしなければ、命ということが分からないし、死も分からないのです。

死んでから如来さんの所へ行くというのは仏教の概念であって、私たちが生きているというのは概念ではありません。事実です。この事実を究明するためには、事実に基づいてしなければならないのです。

生まれてきたという言葉があります。この言葉をごく自然に使っています。また、死んでいくと言います。生まれてきたというのはどこかから生まれてきたのです。死んでいくというのはどこかへ行くのです。

人間の命が生まれる前にどこにあったのか。このことについてはっきり究明するのです。また、死ぬとはどうなるのか、死んだ後にどこへ行くのかをはっきり究明するのです。

現在の人間は何のために生きているかを知らずに生きているのです。命とは何かも知らないのです。ところが、現在皆様は目が見えるのです。耳が聞こえるのです。これは今、皆様は命の本質に直面しているということです。

現在皆様は命を経験しているのです。生きているのです。ところが、命とは何かが分かっていない。神とか仏とか言いますけれど、自分の命の本質がよく分からないようでは、宗教概念の空回りになるだけです。

生きていながら命が分からないというのは、正しく生きていないということになるのであって、こんな状態でもし皆様が死んでしまいますと、大変なことになるのです。

人間が現世に生きているのは責任があるのです。ノルマがあるのです。現在、人権ということがしきりに言われています。人権とは人間の基本的な権利です。基本的な権利が言いたければ、基本的な責任を自覚する必要があるのです。

責任を感じない状態で人権と言われていますが、こういう文明は全く間違っているのです。文明の本質が人間の本質から外れてしまっているのです。従って、文明を信じている人間は全部死んでいくことになるのです。これをよくお考え頂きたいと思います。

梶原和義（かじわら　かずよし）

●名古屋市に生まれる。
●長年、般若心経と聖書の研究に没頭する。
●十三年間、大手都市銀行に勤務後、退職して新会社を設立する。
●現代文明の根源を探るため、ユダヤ人問題を研究する。
●「永遠の命」についての講話活動を各地で行っている。
●東京と関西で、随時勉強会を開催している。
●聖書研究会主幹の故村岡太三郎先生に師事し、般若心経と聖書の根本思想について、多くの事を学ぶ。また、村岡太三郎先生と共に「般若心経と聖書」というテーマで、全国での講演活動に参加した。
・毎年、七月から九月の間に、六甲山と軽井沢で開催された聖書研究会主催の夏期セミナーに講師として参加し、世界の文明・文化・政治・経済・宗教について指導した。
・毎年、大阪で聖書研究会により開催されている定例研究会に講師として参加。文明の間違い、宗教の間違いについて、十年以上にわたり指導した。
・聖書研究会神戸地区の地区指導員として、十五年にわたって監督、指導した。
・大阪の出版社ＪＤＣ出版の主催による講話会で、「永遠の生命を得るために」「般若心経と聖書」等について連続講義をした。

・宇宙科学研究所の依頼により、鹿児島市民会館にて、「永遠の生命を得るために」と題して講演した。

・日本フットネスヨーガ協会にて、「永遠の生命を得るために」と題して、連続講演した。

・関西日本サイ科学会において、「永遠の生命」「死ぬべき人間から死なない人間」等について講演した。

・川崎市の川崎マリエンにて、土曜日の午後一時半から四時半頃まで、勉強会を随時開催している。（休む場合にはスカイプにて、午前十時半から十二時頃まで、勉強会を開催していま す）

・日曜日の午前十時半から十二時頃まで、全国の読者に向けてスカイプにて講話活動を行っている。

●一九九五年、一九九七年、世界一周をして、政治・経済・文化・人々の生活について広く見聞した。

・一九九五年七月二十六日エリトリアのイザイアス・アフェワルキー（Isaias Afeworki）大統領に面会し、エリトリアと日本の関係、エリトリア、アフリカの将来について話し合った。

・一九九七年二月十八日から二十八日の間に、イスラエルシャローム党創設者ウリ・アブネリ（Uri Avnery）氏と頻繁に会い、イスラエルの現状・ＰＬＯとの関係、イスラエルと日本との関係、ユダヤ教とメシア、イスラエルと世界の将来、人類の将来と世界平和等についてつっこんだ話合いをした。

・一九九五年六月二十七日より十月十七日迄、世界一周のためにウクライナ船「カレリア号」に乗船。船内で開催された洋上大学に講師として参加し、「東洋文明と西洋文明の融合」「永遠の生命とは何か」「永遠の生命を得るために」等について講演した。

・一九九七年十二月十九日から一九九八年三月二十一日迄、世界一周のためにインドネシア船「アワニ・ドリーム号」に乗船。船内の乗客に「般若心経と聖書」というテーマで、三十三回の連続講義をした。この内容は拙著「ふたつの地球をめざして」に掲載している。

・FM放送（FMみっきぃ、76.1MHz）にて、「人間宇宙論」と題する連続五十二回の講話を放送中です。

● 日本ペンクラブ会員。
● 日本文藝家協会会員。
● ㈱アラジン代表取締役
● 「礼和舵塾」塾長

著書
「永遠の生命」「永遠のいのち」「超幸福論」「超平和論」「超自由論」「超健康論」

「超恋愛論」「超希望論」「超未来論」
「ユダヤ人の動向は人類の運命を左右する」
「ユダヤ人が悔い改めれば世界に驚くべき平和が訪れる」
「ユダヤ人が立ち直れば世界に完全平和が実現する」
「ユダヤ人問題は文明の中心テーマ」
「ユダヤ人を中心にして世界は動いている」
「ユダヤ人問題は歴史の中の最大の秘密」
「ユダヤ人問題は地球の運命を左右する」
「イスラエルの回復は人類の悲願」
「ユダヤ人の盛衰興亡は人類の運命を左右する」
「ユダヤ人が回復すれば世界に完全平和が実現する」
「ユダヤ人問題は人間歴史最大のテーマ」
「ユダヤ人の回復は地球完成の必須条件」
「イスラエルが回復すれば世界は見事に立ち直る」
「ユダヤ人が悔い改めれば世界は一変する」
「とこしえの命を得るために ①」
「とこしえの命を得るために ②」

「とこしえの命を得るために 3」
「とこしえの命を得るために 4」
「とこしえの命を得るために 5」
「やがて地球は完成する」
「千年間の絶対平和」
「究極の人間の品格」
「究極の人間の品格 2」
「究極の人間の品格 3」
「般若心経と聖書の不思議な関係 1」
「般若心経と聖書の不思議な関係 2」
「般若心経と聖書の不思議な関係 3」
「ユダヤ人と人類に与えられた永遠の生命 1」
「ユダヤ人と人類に与えられた永遠の生命 2」
「ユダヤ人と人類に与えられた永遠の生命 3」
「ユダヤ人と人類に与えられた永遠の生命 4」
「ユダヤ人と人類に与えられた永遠の生命 5」
「ユダヤ人と人類に与えられた永遠の生命 6」

「ユダヤ人と人類に与えられた永遠の生命 7」
「ユダヤ人と人類に与えられた永遠の生命 8」
「ユダヤ人と人類に与えられた永遠の生命 9」
「ユダヤ人と人類に与えられた永遠の生命 10」
「死んでたまるか」
「死ぬのは真っ平ごめん」
「人類は死に完全勝利した」
「死は真っ赤な嘘」
「死ぬのは絶対お断り　上」
「死ぬのは絶対お断り　下」
「我死に勝てり　上巻」
「我死に勝てり　中巻」
「我死に勝てり　下巻」
「死なない人間になりました　上巻」
「死なない人間になりました　中巻」
「死なない人間になりました　下巻」
「あなたも死なない人間になりませんか　上巻」

「死なない人間の集団をつくります」
「世界でたった一つの宝もの　上巻」
「世界でたった一つの宝もの　中巻」
「世界でたった一つの宝もの　下巻」
「人類史上初めて明かされた神の国に入る方法　Ⅰ」
「人類史上初めて明かされた神の国に入る方法　Ⅱ」
「人類史上初めて明かされた神の国に入る方法　Ⅲ」
「人類史上初めて明かされた神の国に入る方法　Ⅳ」
「人類史上初めて明かされた神の国に入る方法　Ⅴ」
「人類史上初めて明かされた彼岸に入る方法　1」
「人類史上初めて明かされた彼岸に入る方法　2」
「人類史上初めて明かされた彼岸に入る方法　3」
「人類史上初めて明かされた彼岸に入る方法　4」
「人類史上初めて明かされた彼岸に入る方法　5」
「般若心経の驚くべき功徳」
「般若心経には人類を救う驚くべき力がある」
「般若心経には文明を新しくする恐るべき秘密がある」（JDC）

「永遠の生命を得るために」第一巻〜第四巻（近代文藝社）
「ふたつの地球をめざして」「ノアの方舟世界を巡る」（第三書館）
「ユダヤ人が立ち直れば世界が見事に立ち直る」
「ユダヤ人が方向転換すれば世界全体が方向転換する」
「人類の救いも滅びもユダヤ人からくる」
「ユダヤ人に与えられた永遠の生命」（文芸社）

インターネットのみで販売している「マイブックル」での著書
「世界に完全平和を実現するために」（第一巻）（第二巻）
「ユダヤ人問題について考察する」第一巻〜第五巻
「ユダヤ人が悔い改めれば地球に驚くべき平和が実現する」第一巻〜第五巻
「ユダヤ人が悔い改めれば地球に完全平和が訪れる」第一巻〜第五巻
「ユダヤ人問題とは何か」第一巻〜第五巻
「真の世界平和実現のための私の提言」第一巻〜第五巻
「人類と地球の未来を展望する」第一巻〜第七巻
「人類へのメッセージ」第一巻〜第八巻

「般若心経と聖書の不思議な関係」
「永遠の生命について考察する」第一巻〜第十一巻
「誰でも分かる永遠の生命」第一巻〜第五巻
「ユダヤ人が悔い改めれば千年間の世界平和が必ず実現する」

現住所　〒673-0541　兵庫県三木市志染町広野6-16-4
TEL　090（3940）5426　FAX　0794（87）1960
E-mail : akenomyojo@k.vodafone.ne.jp
http://kajiwara.sitemix.jp/
http://twitter.com/kajiwara1941
blog : http://eien201683.ieyasu.com/
YOUTUBE : http://www.youtube.com/user/kajiwara1941
https://www.facebook.com/kazuyosi.kajiwara
https://www.instagram.com/kazuyosikajiwara/

般若心経は人間文化最高の宝もの

発行日
2020年11月20日

著 者
梶原和義

発行者
久保岡宣子

発行所
JDC出版
〒552-0001　大阪市港区波除6-5-18
TEL.06-6581-2811(代)　FAX.06-6581-2670
E-mail：book@sekitansouko.com
H.P：http://www.sekitansouko.com
郵便振替　00940-8-28280

印刷製本
モリモト印刷株式会社